생기학의 생기로
부를 끌어당기는
3.3.4의 비밀

생기학의 생기로
부를 끌어당기는

[3.3.4]
의
비밀

안종회 지음

가림출판사

긍정적으로 즐기면서 돈을 모으는 생기 이야기

풍수학의 저자 안종회 원장의 《생기학의 생기로 부를 끌어당기는 3.3.4의 비밀》 출간을 축하합니다.

2년 전 출간된 《좋은 기운을 끌어당기는 부자되는 생기풍수》에서는 다양한 경험을 바탕으로 여러 가지 사례를 소개하여 독자들에게 좋은 정보를 주었는데, 이번에는 '부를 끌어당기는 3.3.4의 비밀'을 통해 풍수의 과학성을 증명하여 독자로부터 호응을 받을 듯합니다.

우리에게 '풍수지리'라는 단어는 익숙하지만 '생기'는 다소 생소합니다만 안종회 원장의 경험에 의한 생기와 풍수를 접목한 이론을 토대로 '생기풍수'를 매우 쉽게 풀어 집필한 이번 책을 통해 독자의 이해도를 높일 것으로 생각합니다.

더구나 이번에 출간될 두 번째 책에서는 생활중심의 건강과 행운을 불러오는 방법을 제시하고 생기풍수의 세 가지 요소인 '기'와 '형', '상'을 조화롭게 배치하고 관리함으로써 건강과 운세에 긍정적인 영향을 미치게 할 수 있다고 합니다. 나아가 좋은 기운을 끌어들임으로써 운명을 바꿀 수 있다는 안종회 원장의 설파는 독자들의 흥미와 관심을 더 끌 수 있으리라 예상합니다.

다시 한번 출간을 축하드리고, 모든 분들이 이 책의 탐독을 통해서 자신의 운명을 좋은 기운으로 바꾸시길 기원해 봅니다.

– 전 익산시 부시장 · 전북도 정책기획관,
현 시인 · 정읍문학회장 · 주간신문 '서남저널' 사장 **김철모**

저자는 오랜 세월 올바른 풍수를 일반 독자들에게 전하기 위해 전국을 직접 발로 뛰며 힘든 시간을 꾸준히 연구해온 풍수가입니다.

1권 《좋은 기운을 끌어당기는 부자되는 생기풍수》에서는 전통풍수에 대해서 최대한 쉬운 표현으로 간략하게 정리하였고, 새로운 생기풍수 중심으로 그동안 저자가 상담을 진행한 여러 사례를 들어 설명하였습니다. 때문에 이 책을 읽는 누구라도 그가 주장하는 생소한 생기풍수가 무엇인지, 왜 생기풍수가 중요한지 독자들에게 잘 이해할 수 있도록 전달되었으리라고 생각합니다.

오랜 시간 수맥과 풍수 분야에 깊은 조예를 쌓아온 것을 토대로 이번에 두 번째 책인 《생기학의 생기로 부를 끌어당기는 3.3.4의 비밀》을 출간하였습니다. 특히 우리나라 최초로 생기, 생기학, 생기거북이 등 생기와 관련된 부분에 상표등록을 출원하여 누구도 넘볼 수 없는 생기풍수와 수맥 분야의 일인자이자 전문가로 자리매김을 하기 위해 매진하고 있습니다.

앞으로도 '생기풍수' 분야에 많은 연구와 업적을 기대하며 생기풍수의 명인으로서 최고의 실력가인 기풍 안종회 선생의 책 출간을 진심으로 축하하고 이 책이 많은 사람들에게 전달되었으면 하는 바람입니다.

– 전 (사)대한민국 병역명문가회 중앙회장·
한양대학교 공공정책대학원 특임교수 **정송학**

기풍 안종회 선생은 선조들의 학문을 토대로, 오랜 역사를 통해 지켜져 온 전통풍수에서 규명한 명당의 오류를 규명하기 위해 30여 년이라는 결코 짧지 않은 시간 동안 전국의 명당과 혈 자리가 갖추어진 곳을 직접 찾아 다녔습니다. 오랜 노력의 결과로 진정한 명당이라 할 수 있는 생기풍수 이론을 완성했으며, 2022년 《좋은 기운을 끌어당기는 부자되는 생기풍수》를 출간하였습니다. 여기에 생기풍수는 자연과 환경의 에너지인 '기'를 중심으로 한 생기학의 한 분야라고 정의한 결과 이번에 《부를 끌어당기는 3.3.4의 비밀》을 새롭게 출간하였습니다. 이 학문은 우주의 자연적인 힘과 에너지 흐름을 이해하고 이를 최대한 활용하려는 목적에 기반을 두고 집필한 1권에 이어 보완된 이론을 접목하여 집필하는데 역점을 두었습니다. 또한 '3'과 '4'라는 숫자가 가지고 있는 의미와 숨겨진 마법에 대해서도 다루고 있습니다. 새롭게 출간한 안종회 선생의 이 책이 한층 견고해진 풍수지리의 이론서로 자리매김되기를 기원드리며 아울러 출간을 진심으로 축하드립니다.

– 전 일양약품주식회사 대표이사 ·
서울특별시의원 우재영

안종회 작가가 2022년 출간한 《좋은 기운을 끌어당기는 부자되는 생기풍수》에 이어 이제는 '풍요로운 삶을 만들어주는 생기풍수'와 관련된 책을 출간한다는 소식에, 삶의 터전을 만드는 건설, 부동산 관련 업무만 30여 년을 해온 본인에게도 무척 가슴 설레이는 소식이었습니다.

풍수는 미신이 아닌 통계학이며 땅에는 명당과 흉지가 분명 존재한다고 믿고 있습니다.

운명을 바꿀 수 있는 땅의 기운을 누구나 쉽게 공감할 수 있는 생기풍수와 관련된 이 책은, 흙을 밟고 사는 우리 인간에게는 가깝게 두고 읽어야 할 필독서라고 생각합니다.

특히 안종회 작가는 우리나라 최초로 생기, 생기학, 생기거북이, 생기부엉이 등 생기와 관련된 부분에 누구도 넘볼 수 없는 생기풍수와 수맥 분야에 일인자이자 최고 전문가로 자부하며 살아가고 있습니다.

1권에서는 진정한 생기풍수란 희로애락, 길흉화복, 생로병사 등 우리 인간사에 이롭고 도움이 되어야 한다는 의도를 가지고 집필했고, 2권에서는 생기풍수를 '자연과 환경의 에너지인 기를 중심으로 한 생기학의 한 분야'라고 정의하였습니다. 생기풍수는 즐기는 풍수입니다. 운명을 바꾸려면 생활 속에서 생기풍수를 많이 즐길 수 있어야 한다고 생각합니다.

이 책이 즐기는 생기풍수를 알기 위한 밑거름이 되기를 바랍니다.

– 전 우림건설산업개발사업본부 부사장 · 우림판교에듀파크 대표이사,
현 우림라온로지스 대표이사 **강대국**

국내 최초로 생기와 풍수를 접목한 이론을 토대로 《좋은 기운을
끌어당기는 부자되는 생기풍수》를 출간하였고, 궁극적으로 진정
한 생기풍수란 희로애락, 길흉화복, 생로병사 등 우리 인간사에 이
롭고 도움이 되어야 한다는 의도를 가지고 집필하였습니다.

그 후로도 생기, 풍수, 수맥을 통한 지속적인 연구를 통하여 생
기풍수를 토대로 '3.3.4.의 비밀'을 밝힌 두 번째 책을 완성하였습
니다.

특히 우리나라 최초로 생기, 생기학, 생기거북이 등 생기와 관련
된 부분에 상표등록을 출원하여 누구도 넘볼 수 없는 생기풍수와
수맥 분야의 일인자이자 전문가로 자리매김을 하기 위해 열심히
매진하고 있습니다.

2022년 출간된 《좋은 기운을 끌어당기는 부자되는 생기풍수》
에서는 '수맥은 미신이 아니며 통계로 보는 과학이다'는 이론을 토
대로 30여 년 풍수 원리를 바탕으로 전국의 수많은 집터와 묏자리
를 찾아다닌 끝에 내린 결론에 대해 서술하였다면, 이번 책에서는
생기풍수는 자연과 환경의 에너지인 '기'를 중심으로 한 생기학의
한 분야라고 정의하였습니다. 이 학문은 우주의 자연적인 힘과 에

너지 흐름을 이해하고 이를 최대한 활용하려는데 기반을 두고 1권에 이어 보완된 이론을 접목하여 집필, 완성하는데 역점을 두었습니다.

첫째, '기'는 우주의 생명력이나 에너지를 의미하며, 모든 유기물과 무기물을 포함한 생명체와 환경에 존재하며, 이 '기'의 흐름과 분포가 사람들의 행운과 건강에 영향을 미친다고 생각합니다.

둘째, '형'은 지형이나 건물, 가구 등의 물리적인 형태 등을 말하는데 특정 형태는 '기'의 흐름을 유도하거나 방해할 수 있으며, 이를 풍수에 적용하여 생활 환경을 개선하려는 노력이 필요합니다.

셋째, '상'은 사람들의 감각에 대한 인식을 의미하는데, 색상이나 소리, 냄새 등의 요소는 우리의 감각을 통해 '기'의 흐름에 영향을 미치고 있어 건강과 행운에 영향을 미칠 수 있습니다.

따라서 생기풍수는 이 세 가지 요소를 조화롭게 배치하고 관리함으로써, 건강과 운세에 긍정적인 영향을 미치고 나아가 좋은 기운을 끌어들임으로써 운명을 바꾸는데 목표를 두고 있습니다.

또한 '3'과 '4'라는 숫자가 가지고 있는 의미와 숨겨진 마법에 대해서도 다루고 있습니다.

'3'이라는 숫자는 다양한 문화와 종교에서 중요하게 쓰이고 있습니다. 예를 들어, 기독교에서는 '성부, 성자, 성령'의 세 가지 형태로 이루어진 삼위일체를 중심으로 신앙을 갖고 있으며, 동양 철학에서는 '천, 지, 인'의 세 가지 요소를 모든 것의 근원으로 보고 있습니다. 이외에도 불교에서는 법신(본성), 보신(마음), 화신(몸)으로 빛의 3원색(적색, 녹색, 청색), 인생의 단계(유년, 중년, 노년), 시간의 구분(과거, 현재, 미래) 등에서도 '3'을 중요하게 생각했으며, 중국의 천지인 삼재사상이나 우리나라의 삼신 할머니, 삼짓날, 삼족오 등도 모두 '3'을 기반으로 하고 있습니다

'4'는 자연과 생활에서 많이 보여지는 숫자로 예를 들어, 사계절(봄, 여름, 가을, 겨울), 하루의 시간 구분(아침, 점심, 오후, 밤), 지향(동, 서, 남, 북) 등에서 '4'의 중요함을 엿볼 수 있습니다. 또한, '4'는 고대 그리스 철학에서 중요한 역할을 하는 네 가지 원소(불, 물, 공기, 흙)를 상징하기도 합니다.

이 숫자 '3'과 '4'가 가진 상징과 숨겨진 의미는 특히 한 개인의 운명과도 밀접한 관계를 가지고 있습니다. 오랜 시간 풍수를 공부하고 많은 사람들을 상담하며 터득한 결론은 한 사람의 운세는 본인이 타고난 사주운 30퍼센트, 살고 있는 터의 운에 배우자와 사회생활을 통해 얻게 되는 운을 더한 운 30퍼센트, 조상의 묘에서 오는 발복운 40퍼센트로 이뤄진다고 판단합니다. 이것이 바로 한 사람 개인의 삶을 결정짓게 되는 '3.3.4 운명의 비밀'입니다.

그렇다면 각자의 삶을 결정하는 운세를 바꿀 수 있을까? 노력으로 불운을 극복할 수 있을까? 결론적으로 말하면 30퍼센트에 해당하는 타고난 운명, 즉 사주운은 부모의 보육과 교육에 따라 바꿀 수

있으며, 나머지 70퍼센트에 해당하는 운은 노력하기에 따라 상당 부분 바꿀 수 있다고 봅니다. 사주팔자가 좋지 않고 타고난 기운이 약해도 풍수적으로 내가 살고 있는 터의 기운을 좋은 기운으로 만들고, 조상 묘를 명당으로 바꾸어 준다면 본인의 사주팔자의 운세도 바꾸어 갈 수 있습니다. 즉 개인의 노력에 따라 삶을 개선해 나갈 수 있는 것입니다.

그러므로 사주팔자대로 살아갈 수밖에 없다는 생각에서 벗어나야 합니다. 삶을 개선해 가겠다는 적극적인 의지로 노력한다면 지난 과거와 그의 앞날은 크게 달라질 수 있습니다. 그러한 개인의 노력 중 중요한 하나가 바로 집터와 조상의 묏자리를 좋은 곳으로 선택하는 풍수적 안목과 지혜입니다.

인간의 삶 전체가 하늘이 정해준 운명은 아닙니다. 타고난 사주팔자처럼 정해진 부분도 있고 각자 스스로 만들어 가는 것도 있습니다. 하늘로부터 주어진 운명은 바꾸지 못하지만 나머지 삶은 우리가 노력하기에 따라 고쳐나갈 수 있습니다.

그런 취지로 이 책에서는 생기학의 한 분야인 생기풍수를 통해 좋은 기운을 끌어 당겨 스스로 운명을 개선해 나갈 수 있는, 생활 속에서 즐길 수 있는 풍수 이야기를 알려주는데 중점을 두고 있습니다.

또 이 책에서는 고심해서 정리한 생기학과 생기학에 포함된 풍수와 수맥에 대해서도 다루고 있습니다.

1장에서는 생기학과 생기풍수의 진실에 대하여 살펴보고 있습니다.

2장에서는 생기를 불러오는 공간의 비밀을 다룸으로써 일반인들이 실생활에서 쉽게 이 책을 응용할 수 있도록 하였습니다.

3장에서는 재물운이 커지는 사고의 비밀에 대해 알려주고 있습니다. 자신이 가진 재능과 특장점을 알려면 무엇보다 젊은 시절의 부지런한 학습과 시행착오를 겪으며 스스로 찾아내야 한다고 말하고 있습니다.

4장에서는 복을 부르고 무병장수하는 비결에 대해 서술하고 있습니다. 생기풍수는 생활 환경 속에서 에너지 흐름을 중요하게 여기는 데, 수맥 또한 그 에너지의 한 흐름으로서 중요한 요소 중 하나입니다. 생기풍수에서는 자연의 에너지, 즉 '기'가 사람의 건강과 운명에 영향을 미친다고 보고 있으며. 따라서, 수맥의 위치와 흐름을 이해하고 이를 조화롭게 관리하는 것이 중요하다는 것을 강조하고 있습니다.

5장에서는 운을 끌어올리는 인간관계에 대해 설명함으로써 좋은 기운을 가지고 있고 자신에게 도움이 되는 유익한 사람인지, 아니면 남을 이용만 하고 쉽사리 배신할 사람인지 사람을 올바로 가려낼 수 있는 안목과 분별력을 키워서 삶을 살아가는데 시행착오를 줄이고 삶을 더 행복하게 가꿔갈 수 있는 방향에 대해 서술하고 있습니다.

6장에서는 좋은 운을 불러오는 생각의 전환에 대해 다루고 있습

니다. 자신이 정한 목표를 달성하기까지 긍정적인 생각을 멈추면
안 되며, 운을 바꾸려면 생활 속에서 생기풍수를 즐길 수 있어야 함
을 강조하고 있습니다.

이 책이 풍수와 수맥에 많은 관심을 가지고 있는 독자들에게 일
부분이나마 궁금증을 해소해주고, 이 책을 읽고 차근차근 따라함
으로써 어느덧 좋은 운이 가득한 여러분이 되어 있기를 간절히 바
랍니다.

기풍 **안종회**

제2장 생기를 만드는 공간의 비밀

제3장 재물운이 커지는 사고의 비밀

제4장 복을 부르고 **무병장수**하는 비결

제5장 운을 끌어올리는 **인간관계**

🦉 제6장 좋은 운을 불러오는 생각의 전환

제1장

생기학과 생기풍수의 진실

생기학과 생기풍수

기란

기氣는 눈에 보이지 않고 손에 잡히지 않지만 모든 에너지의 원천이자 생명의 근원이다. 기에 해당하는 순수 우리말은 '힘'이라고 할 수 있는데, 이 힘은 육체적인 것만 의미하는 게 아니라 정신적인 힘까지도 포함한다. 기는 영어로는 '에너지Energy' 또는 '파워Power'라고 하는데 여기에서는 파워보다는 에너지에 가깝다고 할 수 있다.

우리는 기를 깊이 있게 연구하거나 생활 속에서 중요하게 여기지는 않지만, 우리 몸과 우리를 둘러싼 주변환경에서 기가 차지하는 비중은 절대적이다. 그만큼 기와 인간과의 관계는 매우 밀접하다. 예를 들면 사람을 평가할 때도 기준이 되는데 누구는 기가 세 보인다고 하거나 반대로 기가 약해 보인다고 하는 식이다. 또 배가

고프면 허기진다고 말한다. 이는 음식을 먹지 못해 몸에 기운이 없거나 부족함을 표현하는 말이다. 또한 어이없이 황당한 일을 두고 '기가 막힌다'고 표현하는데 이 말은 놀라운 일로 인해 심적으로 평온한 균형 상태가 깨진 한편 신체적으로도 밸런스가 무너진 상태를 의미한다.

이처럼 기는 눈에 보이지 않지만 인간의 마음과 정신, 그리고 신체를 원활하게 작동시키는 에너지의 원천이다. 이 기는 일반적인 에너지가 가지는 총량 보존의 법칙에 따른다. 즉 일정한 기는 사라지는 게 아니라 인간을 비롯한 생명체의 에너지 원源으로 사용되어 다른 에너지로 변환이 되거나, 아니면 다른 곳으로 흘러가기도 한다.

특히 생기풍수에서는 '기'를 기운이나 에너지로 풀이한다. 이는 땅의 기운(지기地氣)과 하늘의 기운(천기天氣)을 포함하여, 모든 생명체와 환경에 영향을 미치는 무형의 힘이 된다. 생기풍수에서는 이러한 생기, 운의 흐름과 조화를 중시하여 좋은 기운이 흐르는 곳을 찾아 그곳에 집을 지어 거주하거나 조상 묘지를 조성하는 등의 실천을 통해 길운吉運을 끌어들이고 나쁜 기운氣運을 피하려 하고 있다.

기의 종류

세상에는 우리가 알고 있는 기도 있고 엄연히 존재하지만 인식하지 못하는 기도 있다. 그만큼 많은 기들이 있는데 크게는 5가지로 구분지어 나눌 수 있다.

　첫째, 생기生氣로 이는 생명력을 주는 긍정적인 기로 환경이나 공간의 정리, 정돈을 통해 모든 기의 흐름을 원활하게 할 수 있다.

　둘째, 천기로 하늘에서 내려오는 기로 지구를 비롯해 태양, 달 등 우리 태양계는 물론 우주 전체에서 생성되어 이동하는 기로 빛, 열, 파동, 공기, 구름과 바람 등 기후와 날씨 같은 자연현상에 영향을 준다.

　셋째, 지기는 대지로부터 나오는 기로 지하의 물질을 비롯해 토양, 물, 광물질, 파동을 감지하고 땅의 기운을 판단한다.

　넷째, 양기陽氣와 음기陰氣인데 이는 음·양론에 기반한 기의 두 가지 형태로 양기는 활동적이고 밝은 에너지를, 음기는 수동적이고 어두운 에너지를 의미한다.

　다섯째, 인기人氣로 사람들로부터 나오는 기를 말한다.

　이상과 같은 5가지 기준 외에도 수많은 기들이 존재하는데 온기溫氣, 냉기冷氣, 열기熱氣, 전기電氣, 활기活氣, 자기磁氣, 공기空氣, 원기元氣, 독기毒氣, 사기邪氣, 향기香氣, 습기濕氣 등 꼽기가 어려울 정도로 많다. 이는 그만큼 기라는 존재가 우리 인간과 밀접한 관계가 있음을 대변하는 것이다.

생기가 단연 최고의 기

많은 기 중에 가장 활기차고 생생한 기운, 우리 인간에게 건강한 삶과 행운을 가져다 주는 기가 바로 생기이며, 여러 기 중에 단연 최고로 꼽힌다. 생기라는 말은 성경에도 언급되어 있다. 창세기 2장을 보면 '여호와 하나님이 땅의 흙으로 사람을 지으시고 생기를 그 코에 불어 넣으시니 사람의 생령이 되니라'라는 문장이 있다. 이 성경 문장을 그대로 해석해도 생기가 바로 순수한 생명의 근원임을 알 수 있다.

이처럼 생기는 우리 몸과 마음에 활력을 주는 중요한 요소이며, 생기가 부족하면 개인의 건강과 일상생활에 여러모로 부정적인 영향을 미칠 수 있다.

또 생기가 부족하면 체력이 떨어지고, 쉽게 피로를 느낄 수 있으며, 면역력이 약해져 각종 질병에 취약해질 수 있다. 또한 정서적으로 불안정하게 만들어서 스트레스를 쉽게 받게 되며, 활력이 떨어지면 집중력이나 기억력에도 부정적인 영향을 미칠 수 있다.

생기학과 생기풍수

온 우주의 에너지이자 생명의 근원인 생기와 인간과의 관계, 생기가 인간의 희로애락, 생로병사에 미치는 영향에 관해 규명하고

자 학문적으로 깊이 있게 연구하는 분야가 생기학生氣學이다. 더 나아가 생기학은 생명 현상과 생명체의 특성, 기능, 생기의 발생 및 생기 유지 등을 연구하는 학문 분야이다.

생기학에서 다루는 분야 중 생기가 우리 인체 건강과 어떤 관계를 가지는지 연구하는 분야가 있고, 또 다른 생기학의 연구 분야로 기의 흐름, 특히 생기에 밀접한 영향을 미친다고 보는 수맥水脈에 관해 학문적·실증적으로 규명하는 수맥 분야가 있다.

그리고 앞으로 이 책을 통해 전달하고자 하는 주제이자 주된 내용으로 풍수 중 생기를 핵심으로 삼는 생기풍수生氣風水 분야가 있다. 생기학과 생기풍수는 서로 밀접한 관계를 가지고 있으며, 둘 다 환경과 인간의 상호작용을 중시하는 학문이다. 생기학은 생기의 흐름과 그 영향을 연구하는 학문이며, 생기풍수는 그러한 생기의 흐름을 활용하여 인간의 삶의 질을 향상시키려는 실천 통계 학문이다. 특히 생기풍수는 생기가 있는 터를 찾아 집터로 삼고, 조상들의 묏자리로 쓰고자 공부하고 찾아 나서는 분야이다.

이 책에서는 생기풍수를 우리 삶에 어떻게 적용할 수 있는지, 그로 인해 어떤 긍정적인 효과를 기대할 수 있는지에 대해 폭넓게 알아보고자 한다.

운명 3.3.4의 비밀

세상에는 '3'과 '4'라는 숫자가 가지고 있는 의미와 숨겨진 마법이 존재한다.

'3'이라는 숫자는 다양한 문화와 종교에서 중요하게 쓰이고 있다. 예를 들어, 기독교에서는 '성부, 성자, 성령'의 세 가지 형태로 이루어진 삼위일체를 중심으로 신앙을 강조하고 있다. 또한, 동양 철학에서는 '천天, 지地, 인人'의 세 가지 요소가 모든 것의 근원으로 보고 있다. 이외에도 불교에서는 법신(본성), 보신(마음), 화신(몸)으로, 빛의 3원색(적색, 녹색, 청색), 인생의 단계(유년, 중년, 노년), 시간의 구분(과거, 현재, 미래) 등도 '3'을 중요하게 생각했으며, 중국의 천지인 삼재사상이나 우리나라의 삼신 할머니, 삼짓날, 삼족오 등도 모두 '3'을 기반으로 하고 있다.

'4'는 자연과 일상생활에서 많이 연관된 숫자이다. 예를 들어, 사계절(봄, 여름, 가을, 겨울), 하루의 시간 구분(아침, 점심, 오후, 밤), 지향(동, 서, 남, 북) 등에서 '4'의 중요성을 알 수 있다. 또한, '4'는 고대 그리스 철학에서 중요한 역할을 하는 4가지 원소(불, 물, 공기, 흙)를 상징하기도 한다.

이렇게 '3'과 '4'는 동서양에서 각각 다양한 의미와 상징성을 가지고 있다. 결국 '3'과 '4'라는 숫자는 우리 일상생활에서 전반에 걸쳐 문화, 종교, 철학, 자연 등 다양한 분야에 적용되어 쓰이고 있다.

이 '3'과 '4'가 가진 상징과 숨겨진 의미는 특히 한 개인의 운명과도 밀접한 관계를 가진다. 한날한시에 태어나도 똑같은 운명은 없다. 태어난 곳의 땅의 지기와 부모의 DNA에 따라 운명이 다르다. 오랜 시간 수많은 학문과 풍수를 공부하고 많은 사람들을 상담하

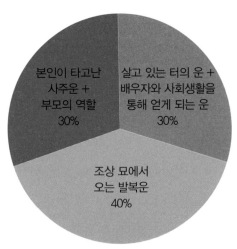

[3.3.4 운명의 비밀]

며 터득한 결론은 한 사람의 운세는 본인이 타고난 사주운에 부모의 보육과 교육 역할 30퍼센트, 살고 있는 터의 운에 배우자와 사회생활을 통해 얻게 되는 운을 더한 30퍼센트, 조상의 묘에서 오는 생기 발복운 즉 친자감응운 40퍼센트로 이뤄진다고 판단한다. 사람의 얼굴이 천차만별 다르듯이 운명 또한 똑같은 운명은 없는 것이다. 이것이 바로 한 사람 개인의 삶을 결정짓게 되는 '3.3.4 운명의 비밀'이다.

그렇다면 각자의 삶을 결정하는 운세를 바꿀 수 있을까? 노력으로 불운을 극복할 수 있을까? 결론적으로 말하면 30퍼센트에 해당하는 타고난 운명, 즉 사주운은 부모의 몸에서 수정되어 태교를 하는 순간부터 성장 과정을 거쳐 부모가 보육과 교육을 어떻게 하느냐에 따라 그 운명이 1차로 바뀔 수 있다. 나머지 70퍼센트에 해당하는 운도 노력하기에 따라 상당 부분 바뀔 수 있다고 본다. 사주팔자가 좋지 않고 타고난 기운이 약해도 풍수적으로 내가 살고 있는 터의 기운을 좋은 기운으로 만들고, 조상의 집 음택(묘)을 명당으로 바꾸어 준다면 본인의 사주팔자 운세도 바꾸어 갈 수 있는 법이다. 즉 개인의 노력에 따라 삶을 개선해 나갈 수 있다는 것이다.

그러니 사주팔자대로 살아갈 수밖에 없다는 생각에서 벗어나야 한다. 비록 과거에 불운했고 현재도 편치 못한 상황이라도 삶을 개선해 가겠다는 적극적인 의지로 노력한다면 지난 과거와는 달리 앞날은 크게 달라질 수 있다. 그러한 개인이 가져야 할 노력 중 중요한 한 가지가 양택(집터)과 조상의 묏자리를 좋은 곳으로 선택하는 풍수적 안목과 지혜를 기르는 것이다.

그러나 이에 더해 개인의 운세를 바꾸어 가는 데는 마음가짐도 중요하다. '나는 왜 항상 불운하고 안 좋은 일만 생길까'라는 부정적인 생각에 치우친 사람들보다 '나는 언제나 운이 좋은 사람이야'라고 생각하는 사람들에게 행운이 더 많이 나타난다는 연구 조사 결과도 있다. 매사에 적극적이고 긍정적인 방향으로 마음을 바꾸면 좋은 운을 끌어당기는 힘이 커지는 법이다. 즉, 인간관계도 만유인력의 법칙에 따라 움직이기 때문이다.

그러니 운이 좋아지길 바라는 것은 바람직한 일이다. 운이 좋아지고 싶다면 지금부터라도 불운에서 벗어나 행복해지고 싶다고 간절히 원해야 한다. 특히 불운했던 과거에 사로잡혀 상심하거나 다가오지도 않은 미래에 대해 미리 겁먹고 불안해하지 말라. 그 대신 지금 바로, 현재에 집중하고 최선을 다하는 것이 현명하다. 지금 당신이 하는 노력과 행동이 미래의 행복한 삶을 만들기 때문이다. 내일 당신의 모습은 오늘, 지금 당신이 한 행동의 결과이다.

하지만 우리 인간의 의지와 노력은 '작심삼일作心三日'이라는 말과 같이 쉽게 포기하고 좌절할 만큼 나약하기 그지없다. 해마다 연초가 되면 올해엔 반드시 금연하고 규칙적인 운동도 하겠다는 등 수많은 계획을 세우지만 얼마 지나지 않아 원래의 나태한 일상을 살아가곤 한다. 이런 반복되는 우를 범하지 않고 자신의 운을 개선해 행복한 삶으로 만들어 가려면 적극적이고 지속적인 노력이 필요한

데 그에 앞서 매우 구체적이고 선명하게 미래의 모습을 그릴 수 있어야 한다.

　하버드 경영대학원 재학생을 대상으로 수십 년간 그들의 일생을 추적, 조사한 연구 결과를 보더라도 이는 사실로 드러났다. 조사 당시 경영대학원 재학생들에게 각자 자신이 꿈꾸는 미래를 설명하라고 한 다음 각각 그들의 삶을 수십 년간 추적, 조사했더니 자신의 성공적인 미래의 모습을 연령대별로 하는 일, 수입 규모, 집과 차 등에 관해 아주 구체적인 수치로 표시하고 밝혔던 학생들일수록 당초 목표와 근접한, 성공적인 삶을 살아가고 있었다.

　지금 여러분이 처한 불운에서 벗어나 미래에 부자가 되기를 바란다면 무엇보다 대단히 구체적이고 선명한 청사진을 그릴 수 있어야 한다. 그림이 근사하고 사실에 가까울수록 우리의 목표의식과 실천력이 강해지는 법이다. 매일매일의 이러한 노력들을 통해 당신의 운명은 그만큼 달라질 가능성이 커지는 것이다.

　인간의 삶 전체가 하늘이 정해준 운명은 아니다. 타고난 사주팔자처럼 정해진 부분도 있고 각자 스스로 만들어 가는 것도 있다. 하늘로부터 주어진 운명運命은 바꾸지 못하지만 나머지 삶은 우리가 노력하기에 따라 고쳐나갈 수 있다. 이제부터 생기학의 한 분야인 생기풍수를 통해 좋은 기운을 끌어 당겨 스스로 운명을 개선해 나갈 수 있는, 생활 속에서 즐길 수 있는 풍수에 대해 알아보도록 하자.

우리는 운명의 대리인이 아니라 창조자이다.

– 알버트 아인슈타인

 재물운을 끌어당기는 마법의 주문

생기가 모아져 작은 운이 되고 그 작은 운들이 쌓여 바람처럼 일어나서
큰 재물운을 불러오는 대운이 만들어진다.

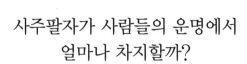

AI(인공지능)와의 대화

사주팔자가 사람들의 운명에서 얼마나 차지할까?

사주팔자四柱八字 혹은 사주명리四柱命理는 동양의 오랜 역사를 가진 운명학의 한 분야로 태어난 생년월일시에 따른 천지간의 기운을 분석하여 그 사람의 성격, 인생 경로, 운명 등을 해석하는 방법입니다. 그러나 이 사주팔자가 실제 운명과 얼마나 일치하는지는 누구도 섣불리 말하지 못합니다.

이에 대해 최근 인공지능, AI에게 물어보았더니 다음과 같은 답을 했습니다.

1. 개인의 선택과 노력에 관한 답변

사주팔자는 가능성에 불과하며, 결국 개인의 선택과 노력이 결과를 좌우합니다. 즉 좋은 운세라고 해서 반드시 성공하는 것이 아니며 나쁜 운세라고 해서 반드시 실패하는 것도 아닙니다.

2. 해석의 객관성에 관한 답변

사주팔자는 복잡한 요소들이 상호 작용하여 결과를 만들어내므로 전문가마다 해석이 다르게 될 수 있습니다.

3. 과학적 증거에 관한 답변

현재까지 사주팔자가 과학적으로 입증된 바가 없으며 이론 자체가 과학적 원칙에 맞지 않을 수 있습니다.

사주팔자에 관한 AI의 종합적인 결론

따라서 사주팔자는 참고 도구로 활용할 수 있는 방법 중 하나일 뿐이며 개인의 삶과 선택을 완전히 좌우하지 않습니다. 결국 자신만의 판단과 결정으로 삶을 주도하는 것이 중요합니다.

우주의 에너지, 생기를 받자

기는 움직이고 활동하는 우주의 에너지이다. 지구상에 존재하는 모든 물질은 형태를 가지지만 기는 무형의 에너지 흐름이고 진동이다. 형체도 없고, 냄새도 없으며 만질 수도 없지만 기운은 존재하고 있다. 사람마다 정도의 차이는 있지만 모두가 기를 느끼며 살아가고 있다.

기에는 원기, 영기, 온기, 한기, 냉기, 열기, 건기, 습기, 천기, 지기, 음기, 양기, 생기 등 많은 종류가 있다. 이런 기 중에는 인간이나 동물, 그리고 식물을 포함한 생명체生命體에게 좋은 기운을 주는 것도 있고 나쁜 기운을 주는 것도 있다. 그 많은 기 중에 단연 생기가 으뜸이다.

생기란 바람, 물, 햇빛 등 자연 에너지에서 비롯되는 싱싱하고 활발한 좋은 기운을 의미한다. 이 생기는 눈에 보이지 않는 기운으로 양기와 음기로 나뉜다. 양기는 성장과 결실을 맺게 하는 기운이며, 음기는 땅속에서 만물을 소생시키는 기운이다. 풍수에서 이 생기를 중시하는 이유는 기가 사람의 생활에 큰 영향을 미치기 때문이다. 좋은 기운을 받느냐, 나쁜 기운을 받느냐에 따라 건강과 재운이 달라질 수 있다.

특히 생기풍수에서는 이 생기가 넘치는 명당 터를 찾아 집터로 삼는 것을 양택陽宅이라 하고, 돌아가신 조상의 묏자리로 정하는 것을 음택陰宅이라고 하는데 이는 모두 터에서 나오는 좋은 기운을 받고자 함이다. 그만큼 생기가 사람의 몸과 마음에 민감하게 작용하고 반응한다고 보기 때문이다. 생기를 받게 되면 기분이 좋아지고 집중력도 커지며 생활에 활력이 넘치게 된다. 당연히 긍정적이고 적극적인 사고로 하는 일에도 좋은 성과를 가져오게 한다.

풍수지리에 관한 중국의 고서 《금낭경錦囊經》을 보면 '무릇 음양의 기는 뿜으면 바람이 되고, 오르면 구름이 되고, 내리면 비가 되고, 땅속으로 흘러 돌아다니면 곧 생기가 된다'고 하였다. 이는 생기가 한 곳에 머물러 있는 것이 아닌, 움직이는 에너지 파동임을 알려주는 것이다.

즉 땅의 기운을 이해하고 이를 삶에 지혜롭게 운용하는 생기풍수를 통해 생활 공간을 찾고 조상들의 묏자리를 마련함으로써 우주에서 살아 움직이는 기운, 생기를 받아야 한다.

생기의 의미와 생기의 종류

　생기학은 생명 현상과 생명체의 특성, 기능, 생기의 발생 및 생기유지 등을 연구하는 학문 분야이다. 이 생기학에서 '생기'란 생명체가 가지는 삶의 원동력이나 활동력을 의미한다.

　'생기'는 생물학적인 관점에서 발생하는 세포의 활동, 대사 과정, 유전자 발현, 성장과 발달 등으로 이루어진 다양한 생물학적 현상을 포괄한다. 이러한 현상들은 에너지 전달과 변환, 물질 대사, 신호 전달과 조절 등을 통해 일어난다. 또한, 심리적인 관점에서 생기는 인간이나 동물의 정신 활동과 관련된 요소들을 의미한다.

　즉, 인지 능력, 감정 체험, 인격 형성 등은 심리적인 측면에서의 생기에 해당된다. 사회적인 관점과 문화적인 관점에서도 '생기'는 개인과 집단 간 상호작용과 문화 활동에 따라서 개체들은 사회적으로 의미 있는 역할이나 정체성을 가질 수 있다.

'생기'란 다양한 학문 분야에서 적용할 수 있는 개념이며, 각각의 분야에 따라서 그 의미와 내용이 달라질 수 있다.

여러 학문 분야에서 보는 생기의 종류는 다양하다. 일반적으로 생명체의 생기를 크게 나누면 다음과 같은 종류로 구분할 수 있다.

생물학적 생기 : 생물학적인 측면에서 생명체가 가지는 특징과 기능을 의미한다. 세포 구조와 기능, 대사 과정, 성장 및 발달, 형질 유전 등을 포함한다.

심리적 생기 : 인간이나 동물의 정신 활동과 관련된 생기로서 인지, 감정, 인격 등을 말할 수 있다. 심리적인 측면에서의 생기는 인

간의 사고, 감정 체험, 행동 패턴 등을 이해하는 데 중요하다.

사회적·문화적 생기 : 개인과 집단 간 상호작용과 문화 활동에 관련된 생기이다. 이 사회적·문화적 측면에서의 생기는 가족 관계, 친구 관계, 사회 규범 및 가치관 형성 등에 작용한다.

환경적·생태학적 생기 : 환경 요소와 상호작용하여 발생하는 생명체의 적응력과 유지력을 의미한다. 환경 요소에 따라서 개체들은 서로 다른 특성과 행동을 발전시키며, 이를 통해 자신들에게 주어진 환경에서 번영할 수 있도록 하고 있다.

철학적·영성적인 생기 : 철학이나 종교와 관련된 영혼 또는 정신에 속한 에너지나 존재를 의미한다. 철학 및 종교 전통들은 영혼이나 정신에 대한 고유한 속성과 의미를 탐구하고 이러한 영역에서 나타날 수 있는 경험이나 깊은 연결을 볼 수 있다.

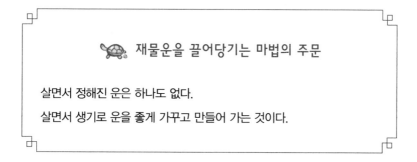

🐢 재물운을 끌어당기는 마법의 주문

살면서 정해진 운은 하나도 없다.
살면서 생기로 운을 좋게 가꾸고 만들어 가는 것이다.

긍정에서 생기가
부정에서 사기가 나온다

긍정적인 사고에서 생기가 나오고 부정적인 사고에서는 나쁜 사기邪氣가 나오는 법이다. 왜 그런 것일까?

우선 단어로 살펴보자. 생기라는 말은 동양 문화권에서 사용되고 있으며, 활기찬 에너지 또는 그 생명력을 말하는데 또 다른 표현으로 기운을 의미한다. 이 단어가 긍정적인 맥락에서 사용되는 이유는 다음과 같다.

첫째, '생기'라는 단어는 삶의 원동력이며 생명력을 나타낸다. 어떤 사물이나 개체에 '생기'가 있다는 건 그 개체가 활발하고 활력이 넘치며, 삶의 에너지를 가지고 있는 것으로 인식되는 것이다.

둘째, '생기'란 긍정적인 변화와 성장을 의미한다. '생기'있는 사람들은 발전하고 진보하며, 좋은 방향으로 나아가려는 의지와 열정을 지니고 있는 것이다.

셋째, '생기'란 긍정적인 영향력과 영감을 준다. 생기 넘치는 사람이나 존재는 그 자체로 분위기를 건강하게 만들고 동기부여를 하며, 다른 사람들에게 영감을 불러와 힘이 솟게 만들어 준다.

넷째, '생기'는 용기를 주고 실천하게 만든다. 사람에게 '생기'가 있으면 용기 있게 행동할 수 있다. 긍정적인 생각과 왕성한 에너지로 어려운 목표에 도전하는 데 힘을 준다.

이렇게 '생기'라는 단어는 동양에서 긍정적인 의미로 사용되고, 생기풍수에서도 활력과 성장을 상징하는 중요한 요소로 보고 있다.

반면 부정적인 단어에서는 '생기' 대신 나쁜 기운, 즉 사기가 나오는 법이다.

부정적인 단어로 쓰이는 상황은 주로 소멸, 부족, 약화, 손상 등을 연상시키며, 이들은 '생기'라는 개념과 반대되는 성격을 가지고 있다. 예를 들면 '병든' '약한' '탈진된' 등의 표현은 생명력이나 에너지가 감소하거나 없어진 상태를 묘사하므로 생기와는 거리가 멀다.

그러나 때론 어떤 문맥에서는 '생기'라는 단어가 부정적인 의미를 가질 수도 있다. 예를 들면, '어떤 문제나 곤란한 일이 생겼다'라고 할 때, 여기서의 '생겼다'는 말은 '문제 발생'이라는 부정적인 상황을 묘사하고 있기 때문이다. 이처럼 생기가 부정적인 의미로 사용되는 경우는 국한적이다. 일반적으로 '생기'와 관련된 표현들은 삶의 활력과 에너지를 강조하는 긍정적인 의미를 내포하고 있다. 따라서 생기풍수에서도 긍정적인 생각이나 긍정적인 말투, 행동이 생기와 밀접한 관계를 가지고 있다고 보며 이를 원칙으로 삼는다.

다음의 단어들은 표준국어대사전에서 긍정적 생기라는 의미를 포함하고 있는 단어들이다.

끼끗 : '끼끗하다'의 어근(생기가 있고 깨끗하다, 싱싱하고 길차다).

생생 : '생생하다'의 어근(시들거나 상하지 아니하고 생기가 있다, 힘이나 기운 따위가 왕성하다, 빛깔 따위가 맑고 산뜻하다, 바로 눈앞에 보는 것처럼 명백하고 또렷하다).

소안韶顔 = 소용韶容 : 젊은이처럼 자신감과 생기가 넘치는 환한 노인의 얼굴.

싱둥 : '싱둥하다'의 어근(싱싱하게 생기가 있다, 부끄러움을 타지 않고 시큰둥하다).

싱싱 : '싱싱하다'의 어근(시들거나 상하지 아니하고 생기가 있다, 힘이나 기운 따위가 왕성하다, 빛깔 따위가 맑고 산뜻하다).

쌩쌩 : '쌩쌩하다'의 어근(시들거나 상하지 아니하고 생기가 있다, '생생하다'보다 센 느낌을 준다, 힘이나 기운 따위가 왕성하다, 빛깔 따위가 맑고 산뜻하다. 바로 눈앞에 보는 것처럼 명백하고 또렷하다).

씽씽 : '씽씽하다'의 어근(시들거나 상하지 아니하고 생기가 있다, '싱

싱하다'보다 센 느낌을 준다, 힘이나 기운 따위가 왕성하다, 빛깔 따위가 맑고 산뜻하다).

요요天天 : '요요하다'의 어근(생기가 있고 얼굴빛이 환하고 부드럽다, 나이가 젊고 아름답다, 어떤 물건이 가냘프고 아름답다).

정채精彩 : 정묘하고 아름다운 빛깔, 생기가 넘치는 활발한 기상.

팔팔 : '팔팔하다'의 어근(성질이 거세고 급하다, 날 듯이 활발하고 생기가 있다).

펄펄 : '펄펄하다'의 어근(성질이 몹시 거세고 급하다, 날 듯이 활발하고 매우 생기가 있다).

생신성生新性 : 생기가 있고 새로운 성질.

푸르다 : 맑은 가을 하늘이나 깊은 바다, 풀의 빛깔과 같이 밝고 선명하다, 곡식이나 열매 따위가 아직 덜 익은 상태에 있다, 세력이 당당하다, (비유적으로)젊음과 생기가 왕성하다, (비유적으로)희망이나 포부 따위가 크고 아름답다, 공기 따위가 맑고 신선하다, 서늘한 느낌이 있다.

마록마록 : → 말똥말똥(눈빛이나 정신 따위가 맑고 생기가 있는 모양, 눈만 동그랗게 뜨고 다른 생각이 없이 말끄러미 쳐다보는 모양).

촉빠르다 : 생기가 있고 재치가 빠르다.

폴폴하다 : → 팔팔하다(성질이 거세고 급하다, 날 듯이 활발하고 생기가 있다).

푸르르다 : '푸르다'를 강조하여 이르는 말(맑은 가을 하늘이나 깊은 바다, 풀의 빛깔과 같이 밝고 선명하다, 곡식이나 열매 따위가 아직 덜

익은 상태에 있다, 세력이 당당하다, (비유적으로)젊음과 생기가 왕성하다, (비유적으로)희망이나 포부 따위가 크고 아름답다, 공기 따위가 맑고 신선하다, 서늘한 느낌이 있다).

활기차다(活氣**차다) :** 힘이 넘치고 생기가 가득하다.

흙내(를) 맡다 : 옮겨 심은 식물이 새 땅에 뿌리를 내려 생기가 나다.

따라서 앞으로는 긍정적이고 적극적인 삶의 자세를 가지고 '생기'를 불러올 수 있는, 생기를 담은 단어들을 의식적으로 사용할 것을 권한다.

🦉 **재물운을 끌어당기는 마법의 주문**

좋은 생각에서 좋은 기운, 생기가 나오고 나쁜 생각에서 좋지 않은 기운, 흉기가 나온다.

생기가 좋은 운을 부른다

생기와 운은 어떤 관계가 있을까? 생기학의 '생기풍수'라는 개념에서 '생기'와 '운'이라는 두 요소는 대단히 밀접한 관계를 가지고 있다.

생기는 주로 에너지, 활기 또는 활력을 의미하고 이는 개인의 건강, 환경, 또는 어떤 공간의 분위기와 직접적으로 관련이 있을 수 있다. 예를 들어, 어떤 집이나 방을 보고 '생기가 넘친다'고 하면, 그곳은 밝고, 긍정적인 에너지로 가득 차 있는 곳임을 의미한다. 또 사람에게 '생기가 있다'고 하면, 그 사람은 건강하고, 활기차며, 열정적인 상태를 지녔다고 할 수 있다. 생기는 내적인 에너지 상태와 외부 환경과의 조화에서 나오기 때문이다.

좋은 운은 외부적인 요인이나 상황이 개인의 삶에 긍정적인 영향을 미치는 경우를 말할 수 있으며, 이는 우연, 운명 또는 특정 상황에서의 행운과 같은 형태로 나타날 수도 있다. 예를 들어, 중요한 시험에 합격하거나, 원하는 직장에 취업하는 것은 '좋은 운'이 작용한 것이라고 할 수 있다. 좋은 운은 개인의 노력과는 별개로, 예기치 않게 긍정적인 결과나 기회를 가져다 주는 외부적인 요소로 볼 수가 있기 때문이다.

여기서 '생기'는 우주 공간에 존재하는 모든 물체에 존재하며, 우리가 존재하고 생활하는 환경과 자신의 몸과 마음에 흐르는 에너지를 의미하고, '운'은 이러한 생기, 즉 에너지의 흐름이 우리의 삶에 큰 영향을 주는 긍정적인 결과라고 볼 수 있다.

'생기'가 있다는 것은, 양과 음의 균형을 잘 이루고, 우리 삶의 모든 요소를 대표하는 다섯 가지 원소(목, 화, 토, 금, 수)가 조화를 이루고 있음을 말한다. 이 다섯 가지 원소(목, 화, 토, 금, 수)는 동양 철학에서 중요한 개념으로 우리의 삶, 환경, 그리고 우주의 균형을 이루는 데 중요한 역할을 한다.

'목木'은 성장과 발전을 상징하며, 나무와 같이 유연하고 강한 생명력을 가진다는 의미를 담고 있다.

'화火'는 열정과 활력을 상징하며, 불과 같이 빛나고 따뜻함을 준다는 의미를 뜻한다.

'토土'는 안정과 풍요를 상징하며, 땅과 같이 튼튼하고 안정적이며, 모든 것을 키워준다는 의미를 말한다.

'금숲'은 변화와 순환을 상징하며, 금속과 같이 변화하고, 순환하는 것을 의미한다.

'수水'는 흐름과 유연성을 상징하며, 물과 같이 흐르고, 변화에 유연하게 대처한다는 의미를 담고 있다.

생기학에서 긍정적인 '운'은 자신의 건강과 행복 그리고 성공하는데 중요한 작용을 하며 좋은 상황을 많이 만들어낸다.

그러나 생기의 균형이 깨져 있다면, 이는 부정적인 '나쁜 운'을 만들어내며, 건강에 악영향을 미치거나 불행한 상황이 더 자주 발생하게 되는데, 이는 우리의 삶의 질을 저하시키는 결과를 가져오게 된다. 반면 좋은 생기를 가진 사람은 주변에 긍정적인 에너지를 뿜어내며, 그 에너지를 받으면 당신의 기운이 좋아지고, 그 결과로 좋은 운을 불러 일으킨다.

결국 생기풍수는 생기의 균형을 유지하고 개선하는 방법을 제시하며, 이를 통해 긍정적이고 '좋은 운' 즉 '행운'을 생성하게 해 준다. 궁극적으로 생기풍수는 우리의 삶의 질을 향상시키고, 좋은 기운으로 무병장수하며, 조상의 생기발복(조상의 묏자리로부터 나오는 생기를 얻어 복을 받는 것)을 도와주는 데 그 목적이 있다.

🐢 재물운을 끌어당기는 마법의 주문

풍수와 같이 운도 움직인다. 좋은 운을 내 곁에 둘 수 있다면 좋은 일을 만들 수 있지만, 방심하면 떠나 버린다.

생기풍수의 원리

생기풍수生氣風水는 '생기' 또는 '생명의 기'를 주거나 사업장 등에 유입시켜 그 공간에 긍정적인 에너지를 제공한다. 산과 물, 나무와 같은 자연 요소는 생기를 불러오고 유지하는 데 필수적인 역할을 해 준다. 예를 들어, 물은 기의 순환과 흐름을 돕고, 산은 기를 모으고 보호하는 역할을 한다.

생기풍수는 자연과 환경의 에너지인 '기'를 중심으로 한 생기학의 한 분야이다. 이 학문은 우주의 자연적인 힘과 에너지 흐름을 이해하고 이를 최대한 활용하려는데 기반을 두고 있다.

기본적으로 생기풍수는 '기' '형' '상'의 세 가지 요소로 구성되어 있다.

첫째, '기'는 우주의 생명력이나 에너지를 의미하며, 모든 유기물과 무기물을 포함한 생명체와 환경에 존재한다. 이 '기'의 흐름과 분포가 사람들의 행운과 건강에 영향을 미친다.

둘째, '형'은 지형이나 건물, 가구 등의 물리적인 형태 등을 말하는데 특정 형태는 '기'의 흐름을 유도하거나 방해할 수 있으며, 이를 풍수에 적용하여 생활 환경을 개선하려는 노력이 필요하다.

셋째, '상'은 사람들의 감각에 대한 인식을 의미하는데, 색상이나 소리, 냄새 등의 요소는 우리의 감각을 통해 '기'의 흐름에 영향을 미치고 있어 건강과 행운에 영향을 줄 수 있다.

따라서 생기풍수는 이 세 가지 요소를 조화롭게 배치하고 관리함으로써, 건강과 운세에 긍정적인 영향을 미치고 나아가 좋은 기운을 끌어들임으로써 운명을 바꾸는데 목표를 두고 있다.

사람 몸의 혈관을 통해 영양분과 혈액, 산소가 운반되는 것처럼 땅에도 사람의 혈관처럼 수많은 기운이 흐르며 알게 모르게 사람들은 그 영향을 받는 것이다. 땅속을 돌아다니는 물처럼 뭉쳤다 흩어졌다를 반복하는 기운들 중에서도 생기를 사람이 접하게 하여 복을 얻고 화를 피하자는 것이 바로 생기풍수의 기본 원리이다.

산 사람은 산 사람대로 죽은 사람은 죽은 사람대로 땅의 기운을 받고 사는 것이다. 그런데 죽은 사람은 땅속에서 직접 생기를 받아들이기에 산 사람보다 죽은 이가 얻는 생기가 더 크고 확실하다고 본다. 이렇게 죽은 망자亡者가 얻는 생기가 후손에게 그대로 이어진다고 여기고 있으며, 이를 생기감응生氣感應, 동기감응同氣感應 또는 친자감응親子感應이라고 한다.

생기감응은 조상을 모신 조상 묘의 땅의 기운이 그대로 후손들에게 감응을 준다는 뜻이다. 즉, 땅에 조상을 모실 때 조상의 관을 하관하며 칠성판(관 속 바닥에 까는 나무판자)이 땅에 닿는 순간부터 후손들에게 생기감응을 주기 시작한다.

효심과 정성을 다해 조상님을 좋은 명당 터에 모신 다음 그 후손을 L로드나 펜듈럼으로 진단을 해 보면 묘터의 생기를 알 수 있다. 과학적으로 분석할 수 없는 불가사의한 현상이지만, 분명 하관 전과 후, 후손의 기운이 다르게 나타난다.

그럼, 흉지凶地 터에 모시면 어떨까?

조상의 묘지는 그 가족의 운명에 큰 영향을 미친다. 때문에 조상 묘를 흉지 터 즉 나쁜 터에 모시면 가족의 운에 부정적인 영향을 줄 수 있다.

흉지는 '기'의 흐름이나 분포가 잘못된 곳을 가리키며, 이로 인해 가족들의 건강이나 재물, 인간관계 등에서 여러 가지 문제가 생길 수 있으며, 하는 일도 꼬이게 될 수 있다. 따라서 생기풍수로 보면, 조상의 묘지를 흉지에 두는 것은 피하는 것이 마땅하다. 물론, 풍수에 대한 믿음과 관심이 크다면 전문가의 도움을 받아 묘지의 위치를 정하는 것이 좋다. 첨단 과학이 눈부시게 발달한 요즘이지만 여전히 많은 사람들이 이런 전통적인 풍수를 중요하게 생각하고 그에 따라 이장移葬을 한다.

결국 조상 묘가 흉지 터에 있으면, 흉기감응凶氣感應이 된다. 조상 묘의 좋은 기운뿐 아니라 나쁜 기운도 후손들에게 영향을 미치는 것이 동기감응이다. 이처럼 조상 묘의 터가 좋고 나쁨에 따라 후손들의 길흉화복에 영향을 주는 것이다.

만약 좋지 않은 터에 조상의 묘를 쓰게 되면 그 자리에 묻힌 조상의 사령死靈이 자신의 상태를 꿈을 통해 자손에게 알리기도 한다. 사례를 보면 조상들이 자손들의 꿈에 물에 젖은 긴 머리를 한 모습이나 초췌한 몰골로 나타나 '춥다'고 말을 하거나 또는 '배고프다'고 하며 노한 모습으로 꾸짖는다. 이처럼 조상들이 꿈에 힘들고 괴로운 모습으로 무언가 요구하는 형태로 나타난다.

이러한 꿈들을 자주 꾸면, 부모형제 등 가족 중에 환자가 발생하거나 교통사고, 화재 등의 사고가 생기고 갑자기 사업에 어려움을 겪게 되는 등 갖가지 우환들이 생기게 된다.

🦉 **재물운을 끌어당기는 마법의 주문**

이 세상에서 운을 이길 수는 없다. 노력만으로 안 되는 일은 너무 많다. 운을 이기려 하지 말고 나 자신이, 좋은 운을 만들어 생기감응을 받으면 된다.

생기가 가져오는 긍정적인 변화들

생기학은 자연의 기운, 즉 '생기'를 이해하고 이를 적절하게 활용함으로써 건강과 행운 그리고 풍요 등을 이끌어내는 데 초점을 맞춘 학문이다. 생기학은 특히 생기풍수와 밀접하게 관련되어 있다. 생기, 또는 좋은 기운은 우리의 생활에 여러 가지 긍정적인 변화를 가져온다. 이러한 변화들은 개인의 생활습관부터 가정 환경, 심지어는 사회적 관계까지 광범위하게 영향을 미칠 수 있다.

생기풍수를 따르는 생활을 하게 되면 자신에게 건강과 재운을 가져오며 삶에 여러모로 긍정적인 변화들이 생기기 시작한다. 이와 같이 좋은 운, 생기를 받으면 운명이 개선되고 즐거운 마음으로 삶이 행복해진다.

주거환경 변화 : 생기풍수에 따라 거주지나 사무실 등의 건물배치

와 실내 공간을 구성하면 수맥파와 전자파, 땅속을 흐르는 지전류 등 유해한 음의 기준을 차단해 주어 활기찬 생활과 재운財運에 도움을 주게 된다.

건강 개선 : 생기풍수는 기의 흐름을 원활하게 하여 마음을 안정시켜주고 숙면에 도움을 주어 심신 건강을 개선해 주는 효과가 있다.

정서적 안정 : 생기풍수에 따라 조성된 주거환경은 정서적인 안정감을 준다. 평온하고 조화로운 공간에서는 좋은 기의 흐름으로 인해 스트레스 감소와 함께 생활에 활력을 찾을 수 있다.

현명한 의사결정 : 생기의 영향으로 마음이 안정된 상태에서 올바른 선택과 현명한 판단을 하도록 도움을 준다.

인간관계 개선 : 유유상종이라고 자신이 가진 기운에 따라 인간관계도 형성되는 법이다. 좋지 않은 기운을 받을 때는 사람들과의 관계가 틀어지지만 생기를 받게 되면 즐거운 마음과 긍정적인 사고로 원만한 인간관계가 만들어진다.

이처럼 생기풍수를 생활 속에서 실행하고 살아가며 생겨나는 변화들은 개인마다 신념, 가치관, 철학, 종교 등에 따라 차이는 있겠으나 분명한 것은 여러분의 삶이 행복해지고 긍정적인 방향으로 개선되어 간다는 점이다. 생기가 가져오는 이러한 긍정적인 변화들은 개인의 삶뿐만 아니라 주변 사람들과 환경에도 긍정적인 영향을 준다. 따라서 생기가 넘치는 환경을 조성하고 유지하는 것은 모두에게 중요하다.

생기 가득한 땅을 찾으려면

생기학에서 생기 가득한 땅, 혈처를 찾는 것은 전문적인 지식과 경험을 필요로 하는 일이다. 이처럼 생기가 가득한 땅을 찾아 집터로 삼고 조상 묏자리로 쓰며 발복發福을 받고자 하는 것이 바로 생기풍수인데 풍수적으로도 생기가 풍부한 땅을 찾는 방법은 매우 복잡하며, 다양한 요소들을 고려해야 한다.

첫째, 지형적으로 좋은 땅은 일반적으로 산이나 강 등 자연의 힘이 강하게 느껴지는 곳으로, 산은 기운을 모으고 강은 기운을 유지하는 역할을 하므로 산이나 강이 있는 곳은 생기가 풍부할 가능성이 높다.

둘째, 풍수지리학에서는 여덟 방향 각각이 다른 기운과 연관되어 있다고 본다. 이를 '팔방'이라고 부르며, 각각의 방향은 고유의 의미와 특성을 가진다. 이 여덟 방향은 동, 서, 남, 북, 동남, 동북, 서남, 서북이다.

동東이 상징하는 것은 '나무', 계절은 '봄', 색상은 '녹색'으로 동쪽은 태양이 뜨는 곳으로 새로운 시작, 성장, 창조성을 상징한다.

서西가 상징하는 것은 '금', 계절은 '가을', 색상은 '흰색'으로 서쪽은 태양이 지는 곳으로 성취, 풍요, 수확을 상징한다.

남南이 상징하는 것은 '불', 계절은 '여름', 색상은 '빨간색'으로 남쪽은 태양이 가장 높이 뜬 곳으로 활동, 열정, 에너지를 상징한다.

북北이 상징하는 것은 '물', 계절은 '겨울', 색상은 '검은색'으로 북쪽은 태양이 가장 낮게 뜬 곳으로 휴식, 회복, 지혜를 상징한다.

동남東南이 상징하는 것은 '바람', 계절은 '봄', 색상은 '청록색'으로 이는 변화와 유연성을 의미한다.

동북東北이 상징하는 것은 '산', 색상은 '황색'으로 이는 안정성과 보호를 뜻한다.

서남西南이 상징하는 것은 '흙', 색상은 '노란색'으로 이는 안정성과 신뢰성을 상징한다.

서북西北이 상징하는 것은 '천', 색상은 '회색'으로 이는 교육, 지식, 지혜를 상징한다.

이렇듯 각각의 방향은 여러 자연 요소와 연결되어 있으며, 이를 통해 주변 환경과 생기가 우리에게 미치는 영향을 이해할 수 있다. 따라서 땅의 위치와 방향을 고려하여 그곳의 생기를 판단할 수 있다. 즉, 땅에서 주는 느낌을 직관적인 본능이라고 할 수 있는데 이러한 느낌으로도 알 수 있다. 어느 곳에 머무르면서 편안하고 평온한 느낌을 받는다면, 그곳은 좋은 생기를 가진 땅일 가능성이 있다.

이러한 방법들은 생기 가득한 땅을 찾는 데 도움이 될 수 있지만, 이는 전문가의 도움 없이는 어려울 수 있다. 그러므로 풍수지리학자는 자연의 법칙과 기운의 흐름을 이해하고, 이를 바탕으로 최적의 땅을 찾아내는 데 전문적인 지식과 경험을 가지고 있어야 한다. 생기 가득한 땅을 찾고자 한다면 풍수지리 전문가의 도움을 받는 것이 가장 좋다.

그러면 생기 가득한 땅은 어떻게 찾을 수 있을까?

생기풍수에서 말하는 명당이란 자연의 생기가 왕성하게 응집된 장소로 '혈穴'이라 부른다. 이 명혈明穴은 추상적인 개념이 아니다. 좋은 물의 결정체가 육각 형태를 띠는 것과 마찬가지로 명혈 역시 육각형 모양을 띤, 생기감응을 받을 수 있는 좋은 땅을 말한다.

여기서 말하는 생기가 응집된 좋은 땅은 어떻게 찾을까? 오래전부터 생기가 가득한 땅, 즉 명당을 찾는데 필요한 지혜를 모아 만든 책들이 있다. 3세기 중국 한나라 때(기원전 206~기원전 220년)의 청오자靑烏子가 《청오경》을 통해 '사람의 운명은 조상을 매장한 땅의 조건에 따라 길흉화복吉凶禍福이 달라진다'고 밝힌 이래 4세기 들어 중국 동진 때의 곽박郭璞은 그의 저서 《금낭경錦囊經》에서 풍수적 길지를 용龍(산맥), 혈穴(기가 모인 곳), 사砂(작은 산과 건물), 수水(강과 내천), 향向(묏자리나 집터의 앞쪽 방향)으로 나누어 판단했다.

이후 송나라 시기(977~1279년)의 풍수지리학자 호순신胡舜申이 지은 《지리신법地理新法》은 조선시대 풍수지리의 지침서 역할을 하였는데 오산도식五山圖式, 오행론五行論, 산론山論, 수론水論 등 수십 가지의 이론으로 설명하였다. 예를 들면, 오산도식에서는 산의 형국을 오행에 대비하여 금국金局, 수국水局, 목국木局, 화국火局으로 도시圖示 설명하였고, 용호론龍虎論에서는 좌청룡 우백호를, 기혈론基穴論에서는 혈의 기본이론을, 좌향론坐向論에서는 아무리 혈이 좋아도 방향이 맞지 않으면 길흉이 흉凶으로 바뀐다는 이론을 설명하였다.

이어 13~14세기 명나라 초 '서선술徐善述, 서선계徐善繼' 형제는 40여 년간 중국 역대 고관대작의 조상 묘를 직접 답사한 후 《인자수지人子須知》라는 저서를 통해 사砂(산), 수水(강)가 명당자리와 밀접한 관계가 있음을 피력하였다. 또한 청나라 때의 조정동趙廷東(1696~1785년)은 풍수에서 용(산맥), 혈(기가 모인 곳), 사(작은 산), 수(강과 내천), 향(바라보이는 경관) 등의 5가지 요소가 중요하다고 《지리오결地理五決》에서 강조하였다.

이상과 같이 풍수 분야의 경전이라 할만한 책들에서는 명당을 주로 산맥, 물길 등의 배치와 모양, 방향 등을 주요 판단요소로 삼았다. 그러나 생기풍수에서는 용·혈·사·수·향 중에서도 용·혈을 가장 비중 있게 보고 있다. 즉 눈으로 드러나 보이는 외관도 중요하지만 무엇보다 생기가 모여 있는 땅, 즉 혈 자리에 초점을 두고 있다. 이 명당 혈 자리는 간혹 산 능선 중턱에서도 나타나기도 하지만 주로 산 능선 끝부분에 있는 경우가 많아 용진처龍盡處라고 도 부른다. 실제 왕릉을 보면 대부분 산으로부터 내려오는 능선 끝 자락에 있다.

생기 있는 땅, 명혈은 반드시 용맥(산줄기)을 따라 약 10 ~ 20m 정도의 간격을 두고 연주혈連珠穴로 줄줄이 존재할 가능성이 높다. 그래서 산등성 아래 묘지를 쓰면 최소한 군수는 나온다는 옛말이 있다. 그만큼 산줄기(용맥, 기맥)를 중요시 하는 것이다.

생기는 사람이나 동식물 모두에게 필요한 기운이다. 감각적인 육감으로 생기를 찾고 생기가 나오는 혈 자리를 L로드나 펜듈럼으 로 체크해보면, 혈 자리의 크기가 다양하지만, 정확히 육각형을 이 루고 있다. 이것이 진정한 명당 터인 것이다. 생기풍수를 오래 공 부하게 되면 때로는 직관적으로도 땅의 에너지를 느낄 수 있다. 그 곳에 서 있을 때 평온함, 기쁨, 활력 등 긍정적인 느낌을 받는 곳이 생기가 넘치는 땅일 수 있다.

🦉 재물운을 끌어당기는 마법의 주문

생기도 움직이고 운도 움직인다. 생기와 운도 알아봐 주는 사람을 좋아 해서 언제나 생기의 좋은 기운이 나에게 있다는 강한 믿음을 항상 가져 야 한다.

생기가 뭉친 곳 찾는 방법

생기풍수에서는 지형, 건물, 물체 등의 배치와 형태를 통해 에너지 흐름을 판단하고, 이를 바탕으로 가장 좋은 곳을 찾고 있다. 생기가 뭉친 곳을 찾는 가장 기본적인 요령은 다음과 같다.

우선 지형을 잘 관찰하여야 한다. 기본적으로 밝고 힘찬 기운으로 생기가 풍부한 곳은 보통 물가나 산맥을 타고 내려오는 산능선 기슭에 위치하고 있다. 또한 활동이 많은 도시 중심지도 생기가 뭉쳐 있을 수 있다. 건물의 형태나 배치도 생기의 흐름에 영향을 미친다. 예를 들어, 건물이나 가구가 굽이진 곳이나 둥근 형태를 띠는 곳에는 생기가 잘 돌게 되어 있을 가능성이 높다.

그리고 물의 흐름을 잘 살펴봐야 한다. 물이 있는 곳은 주로 생기가 도는 지역으로 특히, 물이 자연스럽게 흐르는 강이나 개울 등은 생기가 잘 뭉치는 곳으로 알려져 있다. 예를 들어 한강이 굽이 굽이 흐르는 압구정동이나 한남동, 자양동을 부자들이 많이 모여 사는 명당자리로 보는 것이다.

또한, 식물의 상태를 보고도 알 수 있다. 식물이 잘 자라는 곳은 생기가 풍부하다는 뜻이다. 그러니 식물이 푸르고 무성하게 자라는 곳을 주의 깊게 볼 필요가 있다. 또한 동물의 행동에서도 알 수 있다. 동물들은 본능적으로 생기가 풍부한 곳을 찾는다. 예를 들어, 새들이 많이 모이는 장소나 꿩이 자주 머물며 활동하는 곳, 꿩의 보금자리가 있는 곳은 생기가 있는 곳이다. 그러나 위에서 언급한 생기가 모인 곳을 찾는 방법은 풍수 전문가의 개인적인 경험과 지각, 그리고 자연과의 교감을 바탕으로 한 것이기 때문에, 각자의 방식으로 접근하는 것이 중요하며 그 밖에 다음과 같은 방법들을 들 수 있다.

한겨울 거센 눈보라가 잦아들고 따스한 곳

다른 계절보다 겨울에는 더 쉽게 눈으로 보고 명당을 찾아낼 수 있다. 눈이 쌓여 있는데 유달리 눈이 빨리 녹는 곳이 있다. 이곳이 명당자리일 가능성이 크며, 거센 눈보라가 몰아쳐도 유별나게 바람이 멎고 햇볕이 잘 드는 양지바른 곳이다. 여기에 명당자리가 있는데 한겨울에도 춥지 않고 따뜻하다. 이런 곳 중에서도 돌멩이 같아 보이지만 입자가 고와서 밀가루처럼 부드럽게 잘게 부서지는 혈토가 나오면 명당자리일 확률이 더 높아진다.

잡풀, 잔디가 주위보다 유달리 키 높게 자란 곳

생기풍수에서 보는 '생기'가 넘치는 장소는 공부를 하고 실전을 반복하다 보면 육안으로도 쉽게 찾을 수 있다. 이러한 장소는 긍정적인 기가 모이는 곳으로, 잡풀이나 잔디가 주위보다 유달리 높게 자라는 곳이 바로 이러한 생기가 넘치는 좋은 터이다.

이러한 현상이 나타나는 이유는 여러 가지가 있을 수 있으나, 생기풍수에서 보는 관점은 다음과 같다.

- 좋은 기의 흐름으로 풀이나 잔디가 다른 곳보다 더 높게 자라는 것은 그 지역에 생명력이 강하고, 긍정적인 기의 흐름이 좋다는 뜻이다. 기가 원활하게 흐르며 생명체에 에너지를 제공하기 때문에 식물이 더 잘 자랄 수 있는 것이다.
- 이런 현상은 자연적인 조건으로 토양의 영양 상태, 물의 흐름, 햇빛의 양 등에 의해서도 영향을 받을 수 있다. 이러한 조건이 우수하면 식물이 더 잘 자랄 수 있으며, 이는 곧 그 지역이 생기가 넘치는 좋은 터라고 볼 수 있다.
- 생명력의 상징이라고 볼 수 있다. 즉, 키가 큰 잡풀이나 잔디는 타 지역보다 생명력이 넘치며, 활기찬 기운이 있다는 것을 상징하는 것이다. 이는 사람들에게도 긍정적인 영향을 미칠 수 있으며, 건강하고 활기찬 삶을 영위하는 데 도움을 줄 수 있다.

눈으로 보고 찾는 방법 중 또 다른 하나는 보통 평범해 보이는 구릉이나 들판이라도 유독 잔디나 잡풀이 높게 자란 곳이 있다. 거기다 L로드로 체크를 해 보면 알 수 있다. 그 곳은 전체적으로 육각형을 띠고 있을 수 있는데, 그런 곳일수록 좋은 생기가 나오는 혈자리일 가능성이 크다.

꿩이나 산짐승 산란터

예전에 어른들은 동물을 보고 명당을 찾기도 하였다. 예를 들면 꿩이 알을 낳고 산짐승이 새끼를 낳는 곳에서 명당을 찾아냈다. 집터에 수맥이 흐르는지의 여부도 개와 고양이를 보고 판단하였다. 고양이는 수맥을 좋아하는 반면 개는 싫어하는 성향이 있다. 만약 특정 장소의 개집에서 개들이 자꾸만 벗어나려고 한다든지 이유 없이 먹이도 잘못 먹고 일찍 죽는 경우가 많다면 수맥이 흐를 가능성이 많다. 반면 잠도 잘 자고 밥도 잘 먹으며 개들이 건강한 곳은 수맥이 없다고 보면 된다.

오랜 장수목이 있는 터

생기풍수에서는 오랜 장수목이 있는 터는 좋은 기운과 생명력, 안정감을 상징한다. 이러한 장소는 자연의 강한 생명력과 연결되어 있으며, 장수목이 있는 터는 좋은 터로 장수할 수 있는 기가 운집해 있는 것이다.

장수목은 강한 생명력과 안정성을 상징하며, 오랜 시간 성장하고 생존한 나무이기에 그 지역은 기운이 건강하고 생명력이 넘친다는 증거로 볼 수 있다. 특히 생기풍수에서는 자연과 공간의 조화를 중요시 생각하고 있다. 장수목은 기의 순환도 잘 되고 나무는 기를 모아 주변 환경의 기운을 좋게 해 준다.

시골 대부분의 마을마다 거대한 장수목이 하나씩은 있다. 오래 전부터 전해오는 신비스러운 이야기들과 함께 이런 장수목이 있는 곳도 길지로 본다. 그런 터에는 좋은 기운이 모여 있어 수백 년이 넘는 현재에 이르기까지 왕성한 생명력을 자랑하며 당당하게 자리 잡고 있는 것이다.

금성수가 흐르는 곳

생기풍수에서 물은 생명의 기원이며, 활기와 번영을 가져다주기 때문에 중요하다. 물은 기를 모으고 유지하는 역할을 하며, 건강하고 활기찬 환경을 만들어 주기 때문이다.

- **유연한 흐름** : 물이 자연스럽고 부드럽게 흐르는 곳은 긍정적인 기를 가져다준다. 급격하게 흐르거나 소용돌이치는 물은 기의 흐름을 방해할 수 있다.
- **맑고 깨끗한 물** : 맑고 깨끗한 물은 좋은 기의 상징이다. 오염된 물은 부정적인 에너지를 가져오기 때문에 피해야 한다.
- **물과 산의 조화** : 산에서 내려오는 기와 물이 모이는 곳에 기와 물이 조화를 이루어 긍정적인 환경을 만드는 것이다.

- **물의 형태와 방향** : 물이 집이나 건물을 향해 흐르는 것은 좋은 기운을 가져다주지만, 반대로 물이 빠져나가는 형태는 기운을 잃는 것이다.

풍수에서는 산을 등지고 앞으로는 강과 내가 흐르는 배산임수配山臨水의 지역에서도 물이 둥글게 감싸 안듯 흐르는 곳을 명당이라고 본다. 이렇게 흐르는 물을 금성수金星水라고 하는데 특히 이 금성수가 흐르는 곳에서 부자가 나온다고 하였다. 오늘날 한강으로 보면 서울의 자양동, 동부이촌동, 압구정동 등이 금성수 명당에 속한다고 할 수 있다.

작물이 싱싱하고 열매가 크고 튼튼하게 자라는 곳

생기풍수로 땅의 기운을 읽으면 농업에서도 이 원리를 적용하여 땅의 기운을 조화롭게 하여 수확량을 늘리고, 식물이 건강하게 자랄 수 있는 환경을 조성할 수 있다. 생기풍수에서는 작물이 잘 자라는 땅이 좋은 기를 가진 곳으로 보고 있다. 농업과도 생기는 깊은 관련이 있으며, 고대 중국에서는 땅의 기운을 이해하고 이를 활용하여 농작물의 수확량을 높이는 것이 중요하다고 했다.

결론적으로, 작물이 싱싱하고 열매가 크고 튼튼하게 자라는 땅은 풍수로 좋은 기운이 모이는 곳으로 논, 밭 작물들의 상태를 보고도 짐작할 수 있다. 작물의 초록 색조가 뚜렷하고 잎이 두툼하며 열매가 크고 튼튼하다면, 그런 곳에 명당 혈 자리가 있을 확률이 높다.

풍만하고 둥글고 평탄하며 자연스러운 형세의 땅

풍수에서는 생기가 모이는 곳의 조건으로 '태정순강고저胎正順强高低'로 보고 있다. 태胎는 땅이 풍만하고 둥글고 평탄한 곳이며, 정正은 좌우가 바른 것이요, 순順은 주변의 형세와 자연스럽게 어울리는 것을 말하고, 강强은 토질이 단단함을 뜻한다. 또 고高는 한 치가 높은 곳이요, 저低는 주변이 산이나 언덕, 건물 등이 사방을 둘러주고 있어 바람을 막아준다. 그런 곳이어야 생기가 머무르고 흩어지지 않는다고 보고 있다.

주위보다 한 치 높은 곳

'고일촌위산 저일촌위수高一寸爲山 低一寸爲水' 즉 한 치가 높으면 산이요, 한 치가 낮으면 물(현대에선 도로에 해당)이라는 의미로 풍수에선 명당을 정할 때 한 치가 높은 곳을 적용한다. 이는 생기가 한 치가 높은 곳으로 흐르며 한 치가 낮은 물을 만나면 한 치가 높은 곳으로 방향을 틀어 멈추게 된다고 보기 때문이다. 그만큼 꺼진 땅은 생기가 약하다. 현대그룹 창업자 정주영 회장도 집을 지을 때는 도로보다 한 발짝이라도 높은 곳에 지으라고 하였고, 삼성의 이병철 회장 역시 땅을 볼 때 높낮이가 없는 곳에는 관심을 두지 않았다고 한다. 정주영 회장, 이병철 회장 두 분 모두 주위보다 조금 높아서 높낮이가 있는 곳을 생기가 흐르는 좋은 땅이라고 보았던 셈이다.

두 물길이 만나는 합수처

용맥(산줄기) 말고 생기가 모인 혈 자리는 각기 다른 물길이 만나는 합수처에서도 찾을 수 있다. 땅의 좌우로 흐르는 두 물길이 만나면 그곳에 생기가 모아진다고 보고 있다. 합수처의 합수머리는 반드시 음양의 조화를 이루어 생기가 머무는 명당자리이다. 경기도 양평의 양수리는 옛 지명이 두물머리라고 불리는 곳으로, 두 물길이 만나는 합수처로 좋은 기운이 모여 있는 곳으로 볼 수 있다.

합수처를 선택할 때는 물이 너무 빠르게 흐르지 않는지 주의해서 살펴봐야 한다. 물이 너무 빠르면 기가 쉽게 흩어질 수 있으며, 이는 오히려 부정적인 영향을 미칠 수 있기 때문이다. 또한, 물이 정체되지 않고 적절히 순환하는지 확인하는 것도 중요하다.

좌우와 앞뒤 산을 이은 십자 교차점

원래 풍수에선 '천심십도정혈天心十道定穴'이라고 하여 혈을 중심으로 전후좌우 사방에 있는 산을 연결하면 정확하게 십자형으로 서로 연결이 된다고 한다. 즉 앞산 주작과 뒤로는 현무봉이 있어 이를 연결하면 일직선이 되고, 좌측에는 청룡이, 우측에는 백호가 있어 이들을 선으로 이으면 십자十字 모양이 된다는 것이다. 여기서 두 선이 교차하는 지점에 혈 자리가 있다고 보고 점혈點穴하는 방법이다. 특히 앞, 뒤, 좌, 우 4개의 산을 연결했을 때 정확하게 십자형태가 이루어지지 않으면 진짜 혈이 아니라고 보며, 정확히 십자모양이면 발복이 크고 오래 간다고 보았다.

비석비토에 오색 흙이 있는 땅

생기가 나오는 좋은 땅의 흙은 습기가 적으며 토질이 단단하지만 입자가 가늘고 고와서 만지면 가루로 쉽게 부서진다. 이런 생기 가득한 좋은 토질의 흙을 비석비토非石非土라고 한다. 또 흙 색깔은 동쪽(목木)의 기운이 응결된 청색, 서쪽(금金)의 기운이 응결된 백색, 남쪽(화火)의 기운이 응결된 적색, 북쪽(수水)의 기운이 응결된 흑색, 중앙(토土)의 기운이 응결된 황색 등으로 나눌 수가 있으며 이 다섯(목·화·토·금·수) 가지의 오색이 합쳐져 밝은 빛을 띠어야 최상의 혈 자리로 볼 수 있다. 이 오색이 있는 곳에 오행의 기가 있다고 보기 때문이다. 그리고 흙 속에는 적절한 온도와 습도가 유지되고 나무(목렴木廉), 불(화렴火廉), 물(수렴水廉), 바람(풍렴風廉)으로부터 피해를 받지 않는 조건이어야 한다. 특히 이런 땅에 묏자리를 쓰게 되면 시간이 흐르며 자연스레 사체死體 근육과 내장기관의 수분이 빠져나가면서 조직이 삭아 없어지고, 유골은 노란 황갈색으로 윤기를 띠며 100년 동안 서서히 삭아서 흙으로 돌아가게 된다. 이러한 흙이 있는 땅을 풍수에서는 생기 많은 이상적인 땅으로 본다.

보이지 않는 혈 자리 찾는 간룡법, 장풍법, 득수법

생기풍수의 목적은 땅속에 있는 생기있는 혈 자리를 찾는 데에 있다. 이를 위해서는 먼저 혈 자리를 간직한 산줄기인 진룡眞龍을 찾아야 한다. 풍수에서는 이 진룡의 출발지인 태조산太祖山을 중국

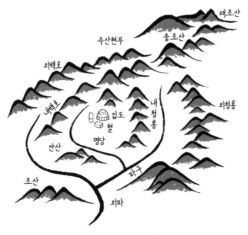

[혈 자리가 있는 생기풍수 명당]

에서는 곤륜산崑崙山, 한국에서는 백두산白頭山으로 보고 있다. 이 곤
륜산이나 백두산과 같이 높고 거대한 산맥에서 흘러나온 산줄기
들, 즉 용맥龍脈은 마치 목뼈로부터 등뼈와 다리뼈로 이어진 인간의
몸처럼 연결되어 산의 정기가 흐른다. 그런 많은 산줄기 중에 그
정기가 모인 자리가 혈 자리가 된다. 이 용맥을 찾는 방법 중에 간
룡법看龍法이 있다. 간룡법은 용맥의 흐름이 좋고 나쁨을 멀리는 조
산祖山으로부터 혈까지 살피는 방법이다. 보이지 않는 자리를 찾는
또 다른 방법인 장풍법藏風法은 바람이 운반하는 생기를 받아들여
서 모인 생기가 다시 바람에 의해 흩어지지 않는 장소를 찾는 방법
이다. 다음 득수법得水法은 용이 물을 만나 멈추는 형국으로 주로 물
을 보며 혈 자리가 있는 명당을 찾는 방법이다. 또한, 대자연 속에
서 에너지를 느끼는 것은 매우 직관적으로 찾는 방법이다. 산, 숲,

계곡, 바다와 같은 자연 중심지에는 생기가 집중되어 있는 곳으로 물 흐르는 소리, 새소리, 바람소리와 같은 자연의 소리에도 생기 에너지가 가득 넘친다.

 재물운을 끌어당기는 마법의 주문

생기를 얻어 좋은 운을 얻고 싶다면 생기를 모아야 한다. 그리고 긍정적으로 생각하고 말하고 행동한다.

기운이 변함을 알려주는 징조

생기학에서 생기는 항상 움직이고 변하는 특성을 가지고 있다. 이는 우리가 살아가는 세상이 항상 변화하고 발전하는 것과 같은 원리이다.

생기는 생기학에서 말하는 자연의 생명력이나 에너지를 의미하고 이 생기는 사람, 동물, 식물, 땅, 하늘 등 우리 주변의 모든 것에 존재한다. 그런데 그 생기가 움직임으로써 세상은 계속해서 변화하고 그로 인해 달라진 환경에서 적응하며 살고 있다. 생기의 움직임과 변화는 여러 가지 방식으로 나타난다. 예를 들어 사람의 기분, 환경 등에서도 생기로 인한 변화를 체감할 수 있다. 따라서 기의 움직임과 변화를 잘 파악하고 이해하면서 잘 적응하며 살아가야 한다.

사람의 일생은 자신이 선택한 결과이다. 항상 올바르고 현명한 선택을 통해 모두가 풍요로운 삶을 살아갈 수 있다면 좋겠지만 이는 불완전한 존재인 인간에게 불가능한 일이다. 가능한 실수를 줄이고 때론 최악의 상황을 피하느라 급급하다. 물론 시행착오를 통해 지혜를 터득하며 올바른 선택 비율을 높여갈 수 있지만 이에 못지않게 정말 중요한 게 타이밍이다. 즉 대단히 중요한 결정과 선택이라도 실기失期하면 의미가 없다. 의사결정을 해야 하는 중요한 기회가 왔는지도 모른 채 지나가는 경우도 있고, 안다고 해도 우물쭈물하다 시한을 넘기는 경우도 있다.

특히 생기를 받거나 반대로 잃을 경우 자신을 둘러싼 기운이 달라지게 된다. 그런데 여기서 중요한 점이 자신에게 어떤 운이 다가오고 있는지, 어떻게 기운이 변화하고 있는지 감지할 수 있다면 최적의 시기에 현명한 선택이 가능하다는 것이다. 이로써 불운은 피하고 다가오는 행운을 잡으며 삶의 터닝포인트로 삼을 기회가 될수도 있다.

그러면 자신의 기운이 어떻게 변화하는지 알 수 있는 방법은 무엇일까? 현실 속에서 미래를 예측하는 방법 중 하나는 역술易術이고, 다른 하나는 무속巫俗이다. 역술은 공부를 통한 것이고, 무속은 다른 차원인 영적靈的 세계로부터 메시지를 받는 것이다. 이 두 가지 방법은 역술가나 무속인 등으로부터 도움을 받는 것이고, 또 다른 방법은 징조를 해석함으로써 스스로 미래를 예측할 수 있다는 점이다.

징조란 다가오는 미래를 예고하는 어떤 현상으로 이 징조를 해석하고 삶의 적재적소, 적시에 잘 적용하면 대단히 유용하다. 징조를 감지하고 해석하는 능력은 감수성, 직관력 등 개인에 따라 차이가 있겠으나 불운不運을 막고 운을 알아챌 수 있는 징조를 이해하도록 하는 건 중요한 일이다.

사실 대부분의 징조는 깨닫지 못해서 그렇지 매일 우리 일상에서 사소한 현상으로 나타나고 있다. 불현듯 새가 집안으로 날아들어 오거나 접시가 깨지는 것과 같이 일상에서의 크고 작은 일들로 나타난다. 이렇게 가볍게 여겨지는 일들이라도 무시하지 말고 또 다른 현상과 어떻게 이어지는지, 무슨 변화가 일어나려는지 헤아려 보는 것이 좋다.

기운이 변하면 감정에 영향을 미칠 수 있다. 기분이 좋아지거나, 기운이 넘치거나, 반대로 우울하거나 피곤하게 느껴질 수 있다. 기운의 변화는 주변환경에도 영향을 미친다. 예를 들어 좋은 생기를 받으면 식물이 잘 자라거나, 동물들이 활동적인 것을 볼 수 있다. 또는 반대로 생기를 잃거나 나쁜 기운을 받게 되면 식물이 시들거나, 동물들이 불안해 한다.

기운이 달라지는 것은 생리적 증상, 즉 몸의 컨디션으로도 느낄 수 있다. 몸이 가볍거나, 반대로 몸이 무거운 변화가 생기기 때문이다. 때론 꿈을 통해서도 내면적인 운의 변화를 깨닫게 되는 경우도 있다. 기분 좋은 꿈, 기분 나쁜 꿈을 통해서 기운의 변화를 알 수 있다. 이외에도 생활 패턴의 변화와 식생활의 변화에서도 알 수 있다.

징조의 원리

많은 징조를 해석해 보면 크게 세 가지의 원리에 따라 작용함을 알 수 있다.

동의성同意性 : 외관상 보기에는 전혀 다른 현상인데 같은 뜻을 나타내는 경우가 있다. 중요한 것은 뜻이 같다는, 즉 동의성을 가진다는 것이다. 예를 들면 밤하늘이 별 하나 없이 캄캄하다면 내일 비가 올 가능성이 많다고 예측할 수 있다. 그리고 집안에만 계시는 할머니가 '에구 삭신이야'하며 몸의 뼈 마디가 아프다고 하시면 곧 비가 올 거라고 예측이 가능하다. 이 두 가지는 각각 별개의 현상인데 곧 비가 올 거라는 동일한 의미를 내포하는 것이다. 이처럼 징조는 다른 사건이지만 같은 의미를 예고한다.

동시성同時性 : 징조는 자연계에서 동시에 나타나는 현상의 한 부분을 분석해 전체를 예측할 수 있다는 특징을 가진다. 조상의 묏자리를 옮기고 매사 하는 일마다 모두 잘 풀린다면 조상이 도와준다는 징조이다. 즉 명당으로 조상의 묏자리를 옮김으로써 조상들로부터 좋은 기운을 받게 되는 것이다. 이를 풍수적으로는 동기감응 또는 친자감응이라고 말하며 징조는 이렇게 동시에 작동하는 원리를 가진다.

중복성重複性 : 어떤 현상이 우연히 반복적으로 일어나는 것이면 미래를 예고하는 징조일 가능성이 높다. 동일한 현상이 여러 번 반복해서 일어나는 일은 확률적으로도 대단히 희귀한 일로 대부분 징조에 해당한다. 행운을 상징하는 꿈을 연이어 꾼 경우 잘 해석하여 삶에 적용하면 불운을 예방하고 행운을 불러올 수 있다.

징조의 해석

우리 일상에서 나타나는 다양한 현상, 사건들은 각각의 징조를 내포하고 있으므로 잘 살펴보는 자세가 필요하다. 대부분의 징조는 불운에서 행운으로 바뀌어 가거나, 좋은 운이 다가오기 전이나 반대로 불운이 닥치기 전에 나타난다.

특히 다음과 같은 현상이 반복적으로 나타난다면 이는 대운이 다가오고 있음을 알려주는 징조이다. 그러므로 새롭게 만나는 사람이나 최근 들어 주위에서 일어나는 일들을 잘 살펴봄으로써 기회를 잡는다면 행운을 만드는 데 도움이 될 것이다.

대운이 다가오는 징조

'운'이란 우리의 삶에서 일어나는 일들, 즉 운명이나 행운을 의미하는 말이다. 이는 우리의 행동이나 생각 그리고 환경 등 다양한 요소에서 영향을 받는다.

대운이 다가오는 징조는 명확한 기준이 있는 것이 아니라, 개인의 삶의 상황, 사고방식, 그리고 믿음에 따라 다르게 해석될 수 있지만 일반적으로 인정받는 몇 가지 징조들이 있다.

일상생활에서 우연히 좋은 일이 연속적으로 발생하기도 하는데 예를 들어, 의외로 좋은 기회가 찾아오거나, 갑작스럽게 생각지 않은 이익이 발생하는 일 등이다. 또한 좋지 않았던 건강 상태가 갑자기 좋아지거나, 왠지 모르게 기분이 좋아지는 경우도 있다. 나아가 주변 사람들과의 관계가 원활해지거나, 사회적인 인정을 받는 경우에는 자신이 사회에서 긍정적이며 선한 기운을 받고 있다는 신호이다.

- 오랜 악연과의 관계가 정리되고 뜻밖에 새로운 귀인을 만나게 된다.
- 몸에 에너지가 넘치며 특별한 이유없이 늘 즐거운 마음이 든다.
- 매사에 긍정적이 되고 사람들로부터 인기가 높아진다.
- 돌아가신 조상 꿈이나 기분 좋은 꿈을 자주 꾼다.
- 이사했거나 조상의 묏자리를 바꾼 다음 매사가 잘 풀릴 때는 명당의 생기를 받아 운이 좋아진다는 징조이다.
- 언젠가부터 주위에 귀인들이 몰려들며 어울리는 사람들이 달라진다.

• 주위 사람들로부터 얼굴이 밝고 좋아 보인다는 말을 자주 듣는다.

그 밖의 행운의 징조들

예상치 못한 많은 선물 : 예상치 못한 선물을 받는 것은 대부분의 사람들에게 즐거운 경험이며, 이는 긍정적인 에너지와 좋은 기운이 들어오는 상징이다. 선물은 물질적 가치 이상의 의미를 가지며, 그것을 주는 사람의 마음과 정성, 그리고 이런 긍정적인 상호작용은 개인의 기분을 상승시키고, 삶에 대한 긍정적인 태도를 갖게 하는 것이다. 예상치 못한 선물을 동시에 여러 곳으로부터 많이 받으면 이는 곧 좋은 일이 생길 거란 징조이다. 이성 애인이 생긴다는 징조로 해석하기도 한다.

지독한 오해 : 황당하게도 타인으로부터 억울한 오해를 받는 일이 생긴다면 이는 큰 보상이 뒤따른다는 걸 의미한다. 물론 화나고 마음에 상처도 생기겠지만 인내의 시간이 지나면 행운이 온다는 걸 뜻한다.

새가 자주 나타나면 좋은 일 : 새가 자주 나타나는 것을 긍정적인 징조로 해석한다. 이는 자연과 인간이 조화롭게 공존하는 상태를 반영하는 것으로, 새는 전통적으로 행운, 번영, 자유, 평화와 같은 긍정적인 의미를 상징하며, 이러한 상징성은 여러 문화와 전통에서 공통적으로 나타나고 있다. 새는 생기를 뜻하므로 집 안팎에서 자주 보인다면 이는 행운의 징조라고 할 수 있다.

가지런하고 흰 치아 : 치아 건강과 외모가 개인의 삶과 운명에 긍정적인 영향을 미칠 수 있다. 이는 단순히 미적인 측면을 넘어서 개인의 자신감, 사회적 인상, 그리고 전반적인 건강 상태와도 관계가 있다. 즉, 미소는 첫인상을 결정짓는 중요한 요소 중 하나이다. 가지런한 치아와 밝은 미소는 사람들에게 긍정적이고 친근한 인상을 줄 수 있으며, 이는 사회적 관계 형성에 있어 매우 중요하다. 그래서 가지런한 치아는 좋은 운명을 불러온다. 특히 보이지 않는 가운데 꾸준히 성장해 간다는 것을 의미한다.

불운의 징조들

징조 중에는 앞날의 위험한 일을 알려주는 것들이 많다. 이런 징조를 해석할 수 있다면 불운에 대비하거나 피해갈 수 있다.

단추가 떨어진 경우 : 별 대수로운 일이 아니라고 생각할 수 있지만 이는 신체적으로 커다란 위험이 생길 수 있음을 알려주는 징조이다. 단추가 떨어진다는 건 신체가 위험에 그대로 노출된다는 걸 의미한다.

칫솔이나 빗자루가 갑자기 부러진 경우 : 경제적으로 힘든 일과 정신적으로 고통을 받을 일이 생길 거라는 걸 나타내는 징조이다. 특히 집안의 물건이 부서지고 깨지는 일이 연이어 발생하면 각별히 언행에 주의하는 것이 좋다.

갑작스러운 폭언, 폭행을 당한 경우 : 예상치 못한 폭언이나 폭행 등의 공격을 받는 건 아주 불길한 일을 예고한다. 사업이 급격히 악화되고 자신의 위치 또한 추락하는 걸 의미한다.

돈의 흐름이 막히면 운도 막힌다 : 갑자기 돈이 들어오고 나가는 흐름이 막힌다면 심신에 모두 위험한 상황이 벌어질 수 있다는 걸 예고한다. 지나친 과소비도 좋지 않지만 더 나쁜 건 지나친 절약이다. 지나친 절약은 자신과 운을 고립시키고 영혼의 활동을 위축시킨다. 매일 쥐어짜듯 아끼고 절약만 한다면 가족생활은 화목과는 멀어질 것이고 주위 사람들과의 관계 역시 경직될 수밖에 없다. 위기가 닥쳐도 알려주지 않을뿐더러 좋은 일에 끼워주지 않게 된다. 이는 마치 매일매일 재앙이 쌓이는 것과 같다. 원만한 돈의 흐름은 사람의 운에 중요하게 작용한다.

지나치게 바쁘다면 운이 나빠지고 있다는 의미 : 사람들은 바쁜 일상에 대해 그래도 무언가 열심히 일을 하고 있다며 스스로 안도하는 경향이 있다. 그러나 임계점을 넘어 몸과 마음이 견디기 힘들 정도로 하루하루가 정신없이 바쁘다면 이는 불운한 일을 예고한다. 머지않아 사업이 어려워지거나, 신체적으로 위험한 사건 사고가 생길 수 있다는 걸 뜻한다. 심신을 제어하지 못할 정도로 바쁜 상황에서 외부로부터 불시에 큰 재앙이 닥친다면 속수무책으로 당할 수밖에 없다.

알 수 없는 불안감 : 어떤 일을 앞두고 이유 없이 불안하고 화가 생긴다면 그 일을 멈춰야 한다. 이것은 육감의 경고이다.

결국 운명은 자신의 책임이다. 즉 운명의 30퍼센트에 해당하는, 하늘로부터 타고난 사주팔자 외에 나머지 70퍼센트에 해당하는 운명은 우리 스스로의 의지와 노력을 통해 개선해 나갈 수 있는 것이다. 그러니 불운하다고 하늘을 탓하고 부모를 원망할 일이 아니다. 운명은 스스로 만들어 나가는 것이다. 나쁜 운명도 모두 자신의 방심과 오만에서 생긴다. 늘 앞일은 모른다는 자세로, 겸손함을 잃지 않고 징조도 살펴가며 지혜롭게 살아가야 한다.

좋은 기회를 만나지 못하는 사람은 하나도 없다.
그것을 잡지 못했을 뿐이다.
– 카네기

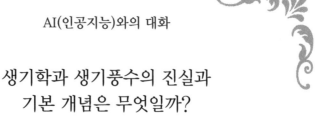

AI(인공지능)와의 대화

생기학과 생기풍수의 진실과 기본 개념은 무엇일까?

생기학生氣學과 생기풍수는 자연환경과 인간 생활의 조화를 추구하는 동양의 전통 지식입니다. 이들은 자연의 '기氣'를 이해하고 이를 바탕으로 인간의 삶을 좀 더 풍요롭고 건강하게 만들고자 하는 데 목적이 있습니다. 그러나 이 두 개념은 미묘하게 다른 관점과 초점을 가지고 있습니다.

1. 생기학의 기본 개념

생기학은 '살아 있는 기', 즉 생명력이나 생명 에너지를 연구하는 학문입니다. 여기서의 '기'는 사람, 동식물, 자연환경 전반에 걸쳐 존재하는 미세한 에너지나 생명력을 의미합니다. 생기학은 이러한 '기'의 흐름과 조화를 중시하며, 건강한 삶을 위해서는 사람과 환경 사이의 '기'가 원활하게 흐르고 균형을 이루어야 한다고 봅니다. 따라서, 생기학은 건강, 요가, 명상, 심리학 등 다양한 분야에서 '기'의 조화롭고 건강한 흐름을 도모하는 방법을 탐구합니다.

2. 생기풍수의 기본 개념

생기풍수는 '살아 있는 기'를 환경과의 관계 속에서 조화롭게 만드는 것을 목적으로 하는 풍수의 한 분파입니다. 여기서의 풍수風水란 바람과 물이라는 자연의 두 요소를 통해 생기풍수에서는 '기'의 흐름을 사람의 건강,

행운, 번영에 직접적인 영향을 미친다고 보고, 건축, 도시 계획, 인테리어 설계 등에 이 원칙을 적용합니다. 집이나 건물의 위치, 방향, 내부 구조 등을 조정하여 좋은 '기'를 유입시키고 나쁜 '기'를 차단함으로써, 거주하는 사람들의 삶의 질을 향상시키고자 합니다.

3. 진실과 오해

생기학과 생기풍수는 현대 과학의 관점에서 '기'를 직접 측정하거나 관찰하기 어렵기 때문에, 이들 학문이 실제로 효과가 있는지에 대해 의문을 제기하는 경우가 있습니다. 그러나 많은 사람들이 이러한 지식을 활용하여 긍정적인 변화를 임상 경험을 하고 있으며, 특히 생기풍수는 공간의 구성과 배치가 인간의 심리 상태와 건강에 미치는 영향에 대한 현대적 연구와도 일맥상통하는 부분이 있습니다. 따라서, 생기학과 생기풍수는 과학적 검증의 여부를 넘어서, 인간과 자연의 조화로운 삶을 추구하는 중요한 철학적 가치를 지니고 있다고 볼 수 있습니다.

4. 생기학과 생기풍수의 실제 적용

생기학과 생기풍수의 원리를 일상생활에 적용하는 사람들은 그들의 삶에서 긍정적인 변화를 경험하곤 합니다. 예를 들어, 생기학의 원리에 따라 요가나 명상을 수행함으로써 스트레스를 줄이고 마음의 평화를 얻는 사람들이 많습니다. 이는 '기'의 흐름을 원활하게 함으로써 심신의 건강을 증진시키는 것으로 해석될 수 있습니다. 또한, 생기풍수를 적용하여 자신의 거주 공간을 조정한 사람들은 더욱 편안하고 조화로운 환경에서 생활하게 되며, 이로 인해 일상의 질이 향상되고 긍정적인 에너지가 증가하는 것을 체감합니다.

5. 생기학과 생기풍수에 대한 현대적 접근

현대 사회에서는 과학기술의 발달로 많은 것이 변화하고 있지만, 생기학과 생기풍수의 가치는 여전히 중요하게 여겨지고 있습니다. 실제로, 이러한 전통 지식을 현대의 기술과 접목시켜 새로운 방법으로 적용하는 시도들이 이루어지고 있습니다. 예를 들어, 건축가와 인테리어 디자이너들은 생기풍수의 원리를 현대적인 건축 설계에 통합하여, 건물과 공간이 사람의 건강과 행복에 미치는 긍정적인 영향을 극대화하려고 노력하고 있습니다. 이처럼 생기학과 생기풍수는 과거의 지혜와 현대의 지식이 결합된 형태로, 현대 사회에서도 그 유용성과 의미를 발휘하고 있습니다.

결론

생기학과 생기풍수는 단순히 과거의 유산이 아니라, 현대인의 삶의 질을 향상시키는 데 기여할 수 있는 중요한 지식과 실질적인 생활 철학입니다. 자연과 인간의 조화로운 삶을 추구하는 이들의 가치는 시대가 변해도 변치 않는 근본적인 진리를 담고 있으며, 이를 통해 우리는 보다 건강하고 풍요로운 삶을 영위할 수 있습니다. 생기학과 생기풍수의 원리를 이해하고 적용함으로써, 우리는 자연과 더불어 조화롭게 살아가는 방법을 배울 수 있으며, 이는 결국 인류의 지속 가능한 미래로 이어지는 길이 될 것입니다.

제2장

S

O

생기를 만드는 공간의 비밀

W

N

진정한 명당이란

　2018년 추석을 앞두고 개봉했던 영화 '명당'은 천하명당天下明堂을 차지하려는 조선시대 사대부들 간의 명당자리를 놓고 벌이는 인간들의 탐욕을 그린 영화였다. 그럼 명당明堂은 근거가 있는 것일까? 생기 발복으로 자손의 운명을 바꿀 수 있을까? 장례문화가 매장에서 화장으로 바뀌면서 사람들의 관심이 줄고 있지만, 지금도 돈 많고 권력있는 집안에서는 좋은 자리를 찾아 매장을 한다. 시대가 변하여 인공지능(AI) 시대인 지금도 명당에 대한 관심과 욕심은 여전하다. 조상들도 풍수지리와 땅의 기운을 보고 도읍지를 결정하고 관청이나 절터, 집터를 결정했다. 조선을 건국한 태조 이성계가 여러 곳을 다녀보고 한양을 새 도읍지로 정한 것도 풍수지리에 근거한 것이다. 조선시대에는 묘지를 둘러싼 사대부들 간에 분쟁이 많았다고 한다. 명당자리에 자기 조상 무덤을 쓰고 싶

은 욕심에 남의 명당 묘지에 몰래 시신을 묻는 투장偸葬도 비일비
재했다고 한다.

풍수지리에서 '명당'은 산세나 물길이 좋은 곳을 가리키며, 생기
풍수에서 이런 곳에 집(양택)을 지으면 좋은 생기발복의 기운을 받
아 가족의 건강과 행운을 받을 수 있다고 본다. 따라서 '명당 혈 자
리'는 '좋은 자리에 있는, 기운이 있는 명당 집'이라고 말할 수 있다.
그러나 풍수지리의 기본 원리와 원칙에 따르면 이러한 '명당 혈
자리'는 사람의 삶과 환경이 서로 상호작용하면서 좋은 기운의 영
향을 주고 받는다고 하였다. 즉, 사람의 삶은 그 사람이 사는 환경
에 의해 크게 영향을 받는다는 것이다. 여기서 사람은 자신의 생활
방식과 행동으로 환경을 바꿔감으로써 자신을 둘러싼 운을 개선해
갈 수 있는데 이것이 바로 생기풍수인 것이다. 즉 생기풍수는 생활
속에서 즐기는 풍수이다. 따라서 '진정한 명당 혈 자리'는 단순히
물질적인 풍요로움뿐만 아니라, 건강과 행복, 마음의 평온함 등을
가져다주는 생기 공간까지 포함한 것이다. 이는 개인의 삶의 질을
향상시키는데 매우 중요하다.

요즘은 유튜브에서도 풍수를 전문적으로 다루는 영상들을 많이
볼 수 있다. 다만 왜곡된 정보도 남발하고 있어 걱정스런 마음이
큰 것도 사실이다. 그만큼 풍수지리에 대한 관심이 많아지고 있다
는 반증으로 풀이된다. 풍수설에 의하면 이른바 길지吉地로 통하는

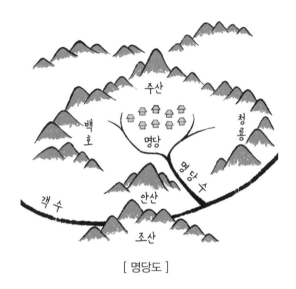

[명당도]

명당자리는 좌청룡左靑龍, 우백호右白虎, 현무주작玄武朱鵲, 배산임수背山臨水를 말한다. 즉 산줄기가 명당의 좌우 주위를 에워싸고 그 앞으로 냇물이 굽이치는 곡류를 이루는 형세를 보고 이런 이야기들을 많이 하고 있다.

예전 농경사회에서 촌락은 겨울에 차가운 북서풍을 막아주고, 배후에는 산지가 있어 산으로부터 연료를 구하기가 쉬웠고, 앞으로는 하천이 흘러야 풍부한 생활용수와 농업용수 확보가 용이했을 것이다. 하천의 범람으로 경작지가 넓어지며 농토 확보에도 유리하였으며 남향으로 취락 조건에도 딱 맞아 떨어졌으리라 본다. 이런 입지조건을 선호하는 것은 오랜 경험과 더불어 자연환경에 잘 적응한 선조들의 지혜일 것이다.

진짜 명당이란 어떤 곳일까? 명당에는 조상을 모시는 묘지(음택)와 우리가 사는 집터(양택)가 있다. 조상 묘(음택)는 돌아가신 분이 편안하게 쉬는 곳이다. 명당은 좋은 기운이 돌고 생기가 있는 땅을 말한다. 위에 언급한 좌청룡, 우백호, 현무주작을 가진 곳이 정말 명당에 해당할까. 사실 보기에 좋은 곳이긴 하지만 그렇다고 반드시 명당은 아니다. 명혈, 즉 생기가 가득 모여 있는 곳인 생기처를 찾지 못하면 별 소용이 없는 그저 그런 땅일 뿐이다.

사는 집(양택)도 명혈을 반드시 찾아 그 땅을 끌어안고 집을 지어야 명당 집이 되는 것이다. 그래야만 그 집은 생기가 충만한 명당 집으로 건강과 웃음이 넘치는 행복한 집이 된다.

단지 산세와 물의 모양, 방향, 배치 등 외양만 갖추었다고 명당이 되는 것이 아니며 허울 좋은 장식품만 될 뿐이다.

진정한 명당은 반드시 좋은 생기가 나오는, 명혈이 있는 곳이어야 하며 그런 곳에 집을 지어야 양택 명당 집이 된다.

전통풍수에서의 명당과
생기풍수에서의 명당

풍수를 활용해 부자가 된 사례는 많다. 그 대표적인 사례가 삼성 그룹으로 풍수에 관심이 있거나 이 분야의 공부를 하게 되면 자주 접하게 되는 이야기이다. 삼성그룹의 고 이병철 회장은 중요한 회사 경영에 풍수 전문가의 조언을 많이 참고했다고 한다. 사옥을 정하고, 공장을 지을 때도 풍수가의 말에 귀를 기울였고, 임직원을 새로 뽑을 경우에도 관상 전문가의 판단을 중시했었다는 설은 암암리에 알려진 사실이다.

실제 삼성가에서 공장과 호텔, 사옥을 새로 장만할 때는 모두 풍수적으로 확인을 했다고 한다. 에버랜드와 신라호텔 자리 또한 명당에 속한다. 이처럼 부를 쌓기 위해 풍수를 활용하여 명당을 찾으려고 애써 왔다. 그만큼 명당은 풍수적으로 부의 위치를 의미하기도 한다.

또한, 현대그룹 창업주인 고 정주영 회장은 풍수에도 일가견이 있었다. 1962년 풍수 전문가를 대동하고 다니면서 사업부지 터를 봤으며, 계동에 있는 휘문고 자리의 터를 사들이면서 일부를 나라에 기부하고 현대그룹의 모체가 되었던 현대건설 본사 사옥을 완공하여 사용하였다. 여기도 명당 터에 해당한다.

풍수는 오랜 지리학적 원리로, 주변 환경이 사람들의 운명과 행운에 영향을 미치는 믿음에 기초한다. 집을 살 때도, 집을 꾸밀 때도 풍수 원리를 고려하는 것은 중요한 문화적 관행이라 볼 수 있다. 방위와 바람, 물길, 산세 등 다양한 주변 자연조건들을 고려하며 이를 토대로 건축물의 위치, 방향, 구조 등을 결정한다. 특히 부자들이 풍수를 적극 활용하여 부를 쌓으려는 노력은 동서양에서 공통적인 현상이라고 볼 수 있다.

미국 트럼프 전 대통령도 실제로 부동산 사업을 할 때 가장 중요하게 생각했던 것이 풍수를 통해서 입지를 보는 것이라고 밝힌 바가 있다. 세계적인 축구 스타인 베컴의 부인 빅토리아 베컴 역시 자녀들의 방을 꾸밀 때 풍수 전문가의 조언을 받았다고 했으며, 빌 게이츠도 중국에 지사를 설립할 때 중국에서 풍수 전문가의 자문을 받았다고 한다.

이렇게 풍수는 동서양을 막론하고 세계적인 인사들도 중요하게 인식하고 있으며 사업뿐만 아니라 일상생활에서도 널리 활용하고 있다. 풍수를 삶에 지혜롭게 적용하면 부동산 투자나 기업의 입지

선택, 공간 인테리어 등 경제적 효과뿐만 아니라 일상생활에서의 공간 구성을 비롯한 다양한 측면에서 긍정적인 효과를 기대할 수 있다.

그렇다면 종전의 전통적인 풍수에서 보는 명당과 생기풍수에서 보는 명당은 어떤 차이가 있을까?

전통풍수에서는 명당의 발복시기를 추정하는 방법론으로 하늘의 기운을 뜻하는 천간天干과 땅의 기운을 뜻하는 지지地支에서 그 답을 찾았다. 갑甲, 을乙, 병丙, 정丁, 무戊, 기己, 경庚, 신辛, 임壬, 계癸를 천간이라 하고 자子, 축丑, 인寅, 묘卯, 진辰, 사巳, 오午, 미未, 신申, 유酉, 술戌, 해亥를 지지라 한다. 이렇게 우리 선조들은 연월일시 즉 시간을 천간지지天干地支로 불렀다.

땅의 방향과 공간을 표시함에 있어서도 묘방卯方은 동쪽, 유방酉方은 서쪽, 오방午方은 남쪽, 자방子方은 북쪽 등 24방위를 천간지지로 표기했다.

이때 무덤이 묘좌卯坐라면 삼합의 해묘미亥卯未년에 태어난 사람이 발복받는다는 식으로 예측했으며, 무덤과 연결되는 능선이 우선신룡右旋辛龍이면 천간합을 따져서 병신년丙辛年에 발복한다고 예측했다. 그러나 이런 예측은 적중하지 않는 경우가 많아서 조선 후기 학자 홍만종(1643~1725년) 선생은 《산림경제》에서 풍수예측을 '혹중혹부중或中或不中'이라 하여 '맞을 때도 있고 맞지 않을 때도 있다'라고 했다.

그래서 전통풍수로 잡은 묏자리를 가보면 산세와 물의 모양을 보고 방위와 경관만 따지다가 진짜 명당자리를 옆에 두고 묘를 쓴 경우를 많이 봤다.

그러나 생기풍수에서 보는 명당자리는 방향과 공간 배치는 두 번째 문제이다. 우리 몸에 혈관을 타고 흐르는 피와 같이 땅에도 많은 기운, 지기地氣들이 혈관의 피같이 흐르고 있다. 생기풍수에서는 생기가 흐르는 좋은 땅을 찾아 혈적穴的에 모시는 것을 첫째 원칙으로 삼고 있다.

그럼, 혈적이란 무엇인가? 명당 터에서 돌아가신 분의 배꼽과 명당의 중심을 일치시키는 것을 말한다. 반드시 명당 터 중심에 배꼽을 일치시켜야 한다.

명당과 관련해 옛날부터 내려오는 이야기가 있다. 명당 터의 크기는 '사람 한 명 들어가면 그만이다'라는 말이다. 과연 맞는 말일까? 그동안 명당 터를 수없이 찾아다녔고 그 크기를 헤아려 보았지만 갈수록 틀림이 없는 이야기라는 생각이 든다. 옛 지관들은 어떻게 명당 터의 크기를 알아냈는지 그저 감탄할 따름이다.

명당 터의 크기는 큰 것도 있지만 보통 지름이 2m 내외 정도밖에 안 된다. 그래서 명당 터 중심에 배꼽을 일치 시키지 않으면 안 되는 것이다. 예를 들어 명당 터 중심점에서 배꼽이 30cm 정도 빗

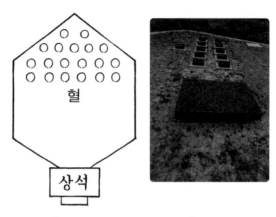

[육각형 모양의 명당 혈 자리]

겨 나갔다고 생각해 보자. 명당 터 밖은 대부분 수맥水脈지대로 보면 된다. 그래서 조금만 빗나가도 돌아가신 분의 머리 부분과 다리 부분이 수맥 지대에 놓일 수 있으며, 이는 바로 흉기 터가 되는 것이다. 안타깝게도 가끔 이러한 묘지를 발견할 수 있다.

지금까지는 음택(묘지)만 갖고 혈적을 설명하였지만, 양택(주택, 공장, 사무실, 식당, 축사, 비닐하우스 등)에도 건물을 지을 때 이 또한 음택과 마찬가지로 명당 터의 한 가운데를 찾아 집에서는 안방으로 삼으면 그 곳이 명당 터가 된다. 그래서 주택에서는 안방에 혈판(穴板, 생기가 모인 땅 덩어리)이 형성되어 있다면 금상첨화錦上添花라고 할 수 있다.

그러나 반드시 안방에 들어가 있지 않아도 된다. 주택이나 비닐하우스 등 각종 건축물 내에 아무 곳이나 구석에라도 혈판이 형성되어 있으면 좋다. 그러면 그 건축물은 출입문을 통해 좋은 기운이 쑥쑥 들어가는 명당 터가 되는 것이다.

　사주팔자대로 산다고 하지만 그렇지 않다. 그동안의 경험으로 보건대 한 사람의 운세는 본인의 타고난 사주운과 부모의 태교부터 시작하여 부모에게서의 보육과 가정교육이 30퍼센트, 살고 있는 양택(터)의 기운에 배우자 기운 그리고 만나는 지인들 기운과 자신이 생각하고 있는 기운 즉, 긍정적인 생각으로 사느냐 부정적으로 사느냐에 따라 움직이는 운 30퍼센트, 조상의 묘에서 오는 발복으로 좋은 묏자리냐 좋지 않은 묏자리냐에 따라서 그 운이 자손에게 따라간다는 음택 기운이 40퍼센트 정도라고 판단한다. 때문에 혹시 사주팔자四主八字가 좋지 않고 타고난 기운이 약해도 부모의 참교육과 내가 살고 있는 양택(터)의 기운을 좋은 기운으로 만들고, 조상 묘를 명당으로 바꾸어만 준다면 내 사주팔자 운도 바꾸어질 수 있다고 생각한다.

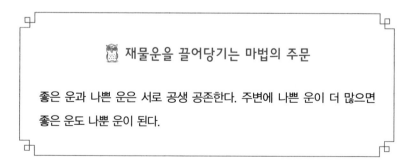

🦉 재물운을 끌어당기는 마법의 주문

좋은 운과 나쁜 운은 서로 공생 공존한다. 주변에 나쁜 운이 더 많으면 좋은 운도 나쁜 운이 된다.

복을 불러오는
최고의 집터(양택陽宅) 찾기

　복을 불러오는 집을 찾는 것은 결코 쉽지 않은 일이다. 그러나 생기풍수를 이해하고 이를 적용한다면, 그 과정이 보다 수월해질 수 있다. 풍수지리적으로 좋은 운을 불러오는 집을 찾는데 중요한 몇 가지 요소들이 있다.

　우선 집의 위치, 집의 방향, 집의 구조, 집의 역사를 들 수 있다. 특히 집에 이전에 거주했던 사람이 누구인지, 그들의 삶이 어땠는지가 중요하다. 실제 어떤 아파트를 찾았더니 앞서 그 집에는 투스타 장군, 중견기업체 대표이사 등이 살았던 집이었다. 현관문을 열고 들어가 보니 육감으로도 좋은 기운이 흐르고 있음을 알 수 있었다. L로드로 체크해 보니 L로드가 우측으로 사정없이 돌았다. 명당자리를 차지한 집이었다. 안방, 거실, 주방, 작은방 등 실내 전체에 좋은 기운이 흐르는 집으로 거주자들이 복을 받는 공간임을 알 수 있었다. 이런 집은 몇백 가구에 한집 나올까 말까 한다.

예전에는 풍수지리로 집터를 정하는 데에는 남향으로 햇볕이 잘
들고, 뒤로는 산을 등지고 있어야 하며, 겨울에는 바람을 막아주고
따뜻한 곳이 좋으며, 여름에는 바람이 불어 시원하고 생활에 필요
한 물을 쉽게 구할 수 있는 곳이 좋은 곳이라고 봤다.

즉, 풍수지리설에서 말하는 장풍득수藏風得水의 원리와 일치하는
것으로, 사람의 길흉과 복은 생기감응生氣感應에 따라 대지의 기운,
지기地氣의 힘에 의해서 커다란 영향을 받는다고 보았다. 그래서 택
지宅地 선정 시에는 먼저 지기의 왕성한 흐름을 보고 잡아야 하며,
대문의 위치와 방향을 고려하여 터를 잘 고르고, 음양오행설陰陽五
行說과 간지干支에 맞추어 양택陽宅에 집을 지어야 했던 것이다.

이와 같이 풍수를 갖춘 곳에 택지를 정하고 집을 지어야 이곳에
거주하는 사람과 그 자손에 이르기까지 발복운發福運으로, 가운家運
이 번창하고 사업이 잘 되어 재물이 모아지고, 건강하고 장수하여
부귀영화를 누릴 수가 있다고 판단한 것이다.

그러나 풍수를 무시하여 흉지凶地에 집을 지으면, 그 가운은 쇠
퇴하고 자손은 빈곤해지고 몰락하며, 알 수 없는 병으로 몸이 아프
고 흉사에 시달릴 수 있다. 중국의 고서 《황제택경》에 보면 '지선
즉묘무 택길즉인영地善卽苗茂 宅吉卽人榮', 즉 땅이 좋으면 싹이 무성하
게 자라고, 집터가 좋으면 사람이 번영한다'고 하였다. 이는 그만큼
집터가 중요함을 일컫는 말이다.

전형적인 풍수로 보면 좋은 집터란 앞산의 유무와 좌청룡(왼쪽 산줄기), 우백호(오른쪽 산맥)가 잘 배치되어 있는가를 살펴보는 것이 중요하다. 거기다 배산임수형으로 집터 뒤로는 산이, 집터 앞으로는 젖줄처럼 흐르는 냇가를 끼고 있다면 좋은 집터로 평가할 수 있다. 그러나 산 대신 높은 건물들 사이 도심에서 살아가는 오늘날에는 이런 전통적인 풍수로만 집터를 판단하기에는 어려움이 따른다. 대신 집터 자체를 가지고 살펴보는 것이 현실적이다.

우선 기본적으로 집터는 밝아야 하며 집터에 들어섰을 때 기분이 좋아지고 마음이 안정되면 좋다. 그렇지만 막다른 골목에 위치해 있거나 큰 건물에 막혀 있고 온통 집터 주위가 산만하면 좋은 터가 아니다. 또한 하루 종일 해가 안 들어 컴컴하거나 수맥이 흐르고 습기가 많은 터도 피해야 한다. 특히 수맥이 흐르는 집터는 대단히 나쁜 집터이다. 집터 주위의 도로가 주저앉아 있거나 담 벽에 금이 가고 갈라져 있다면 수맥을 의심할 수 있다.

그리고 집터가 원래 집짓기 전에 어떤 땅이었는지 집터의 유래를 파악하는 것도 바람직하다. 예컨대 낮은 땅이었는데 다른 곳에서 흙을 가져와 높여서 성토한 것인지, 반대로 높거나 경사가 있는 땅이었는데 절개한 땅인지도 중요하다. 성토한 터보다는 원래 제 흙, 제 땅으로 된 생땅이 좋다.

거기다 좋은 집은 좋은 주변 경관을 가지고 있고 또 그 주변 경관에 잘 어울려야 한다. 반면 허허벌판에 나 홀로 있는 집, 높은 지형에 불쑥 솟아오른 집에 살게 되면 자연재해自然災害로부터 피해를 받기 쉽고 집안에 여러 우환이 생기는 등 풍수적으로도 좋지 않다.

집터의 모양 역시 중요하다. 도로변을 기준으로 안쪽으로 긴 사각형 모습에 가로와 세로의 비율은 2 : 3 정도가 좋다. 집터가 이런 모양이어야 집을 짓고 정사각형의 마당을 조성하기에 바람직하며 집 안팎을 둘러싼 기의 흐름이 원활하기 때문이다. 집을 둘러싸고 있는 도로 상태도 길운吉運을 좌우한다. 주택의 전면과 평행으로 나 있는 도로가 길하고 좋은 도로이다. 집 전면과 접하고 있는 도로는 구불구불한 것보다 반듯한 것이 풍수적으로 더 좋다.

요즘엔 단독주택보다 아파트 등의 공동주택 비중이 커졌다. 아파트 역시 전통풍수로 따져 보아야 한다. 산을 등지고 물이 내려다 보이며 좌청룡, 우백호가 배치되어야 좋다. 또한 대부분의 아파트는 단독주택보다 규모가 커서 산을 절개하고 깎아서 지은 곳이 많은데 이런 곳의 아파트는 피하는 게 좋다.

아파트의 경우 단지 형태이므로 땅값이 비싼 도심보다는 주로 외곽에 많은데 사실은 명당이 흔치 않다. 대부분의 명당은 구도심에 있는 법이다. 당연한 일이지만 오래전 조상들 역시 도읍이나 관아 터를 정할 때 풍수지리적으로 최고의 위치를 찾아서 정했을 것이고 이를 중심으로 도시가 발전했기 때문이다. 그러므로 외곽에 많은 아파트 단지보다는 구도심에 가까운 아파트에 명당이 있는 경우가 많다.

풍수지리로 보자면 명당을 찾는 데는 수많은 요소들이 있으니 집을 선택할 때는 충분히 고려할 필요가 있다. 풍수적 안목으로 신중하게 매입한 아파트는 좋은 명품 아파트로 최고의 가격을 형성하는 경우가 많다. 풍수적인 기준에 따라 아파트나 상가 등의 부동산에 투자를 원한다면, 풍수 전문가의 도움을 받는 것도 좋은 선택일 수 있다.

재물운을 끌어당기는 마법의 주문

생기에서 나오는 좋은 운은 그냥 들어오는 것이 아니다. 잘못된 공간 배치를 수정하고 좋은 공간과 환경으로 바꾸어 생기가 들어오게 했기 때문이다.

반드시 피해야 할 집터

생기풍수로 보면 부정적인 터는 무조건 피하는 것이 좋다. 나쁜 터는 부정적인 기를 유발하거나, 생활에 불편을 주고 액운이 따라다닌다. 인간에 이롭지 못한 집터들이 있는데 이러한 터는 간단하게는 눈으로 확인할 수도 있다. 깊이 있게는 생기풍수를 공부하고 실제로 많은 곳을 답사하여 L로드나 펜듈럼(수맥추)으로 땅의 기운을 살펴보면 알아볼 수 있다. 하지만 이는 보다 전문적인 연구와 경험이 필요한 일로 결코 쉽지 않다. 다음은 일반인 누구라도 가려낼 수 있는 피해야 할 집터들이다.

부정적인 터의 특징

자연재해가 발생하기 쉬운 지역 : 산사태, 홍수, 지진 등 자연재해의 위험이 높은 지역은 피해야 한다.

수맥이 강하게 흐르는 지역 : 수맥의 강한 흐름은 거주민의 건강에 악영향을 미칠 수 있다.

기의 흐름이 좋지 않은 지역 : 기의 흐름이 막히거나 부정적인 방향으로 흐르는 지역은 거주하기에 적합하지 않다.

위압감을 주는 지형 : 가파른 산, 큰 바위 등이 집을 압도하는 지형은 부정적인 기운을 가져올 수 있다.

부정적인 터를 피하는 이유

건강 문제 : 부정적인 기운이 강한 지역에서 생활하면, 수면 장애, 만성 피로, 그리고 다양한 건강 문제가 발생할 가능성이 높다.

재산 및 안전 문제 : 자연재해의 위험이 높은 지역은 재산 손실과 신체적 위험을 초래할 수 있다.

심리적 불안 : 부정적인 터는 거주민들에게 지속적인 스트레스와 불안감을 줄 수 있으며, 이는 삶의 질을 저하시킬 수 있다.

운명 및 성공에 영향 : 생기풍수는 환경이 개인의 운명과 성공에 큰 영향을 미친다고 보기 때문에, 부정적인 터는 이러한 면에서도 피하는 것이 좋다. 따라서 생기풍수의 관점에서 집터를 선택할 때는 부정적인 터를 피하고, 긍정적인 기운이 흐르는 지역을 선택하는 것이 중요하다. 이를 통해 건강과 행복, 그리고 자손의 번영을 이루고 건강운과 재물운을 받아 번영을 누릴 수가 있다.

집터 뒤에 가파른 산, 커다란 바위가 있는 땅

가파른 산이나 커다란 바위는 특이한 경관 때문에 보고 즐기기에는 좋으나 그런 곳 가까이 집을 짓는 건 피해야 한다. 특히 집터 뒤로 높고 험준한 산이나 큰 바위가 있다면 사람들에게 위압감을 주며 정신적·육체적으로 좋지 않은 영향을 주어 거주자의 정신적 안정을 해칠 수 있다.

특히, 이러한 지형은 생기풍수에서 '형기形氣'가 너무 강하여 집의 기를 압도한다고 본다. 가파른 산이나 큰 바위 근처는 산사태나 돌무더기가 무너져 내릴 위험이 커서 자연재해 발생 시 피해를 입을 가능성이 높다. 또한 지속적인 위압감과 스트레스는 거주자의 정신건강에 부정적인 영향을 미칠 수 있으며, 장기적으로는 육체적 건강에도 영향을 줄 수 있다. 특히 불안감, 수면 장애, 우울증 등의 문제가 발생할 수 있다.

생기풍수에서는 집 뒤에 산이 있으면 그 산이 집을 보호하는 '배산임수'를 이상적인 형태로 본다. 그러나 너무 가파르고 크면 오히려 기의 흐름을 방해하고 집으로 들어오는 긍정적인 생기 에너지를 막을 수 있다. 집터를 선택하고 집을 지을 때는 주변 환경과의 조화뿐만 아니라 거주자의 안전과 건강을 최우선으로 고려해야 한다.

깨부수고 무너진 땅

석산개발 등을 이유로 멀쩡하던 산을 깨부수고 마구 무너뜨린 곳 근처도 집터로 좋지 않다. 실제 석산개발을 한 인근 마을에서 크고 작은 사건사고가 많이 생긴다. 석산개발이나 기타 이유로 인해 깨지고 무너진 땅은 생기풍수에서도 집터로 부적합하게 본다. 생기학의 관점에서 보면, 자연환경의 파괴는 '기'의 흐름을 방해하고, 자연과 인간과의 조화를 해치는 것이다. 이러한 환경은 거주자들에게 부정적인 영향을 미칠 수 있다. 석산개발은 자연스러운 기의 흐름을 중단하거나 방해하여 해당 지역에 거주하는 사람들의 건강과 운에 악영향을 미칠 수 있다. 또한 무너진 땅은 지형적으로 불안정하여 자연재해의 위험이 증가할 수 있고, 사건사고 발생률이 높아질 수 있다. 실제로 석산개발을 한 인근 마을에서는 크고 작은 사건사고가 끊임없이 발생하는 경우가 많다. 환경적 파괴는 거주자들의 정서에도 부정적인 영향을 미칠 수 있다. 자연스럽지 못한 환경은 스트레스와 불안을 증가시키며, 삶의 질마저 저하시킬 수 있다. 가능하다면, 자연환경이 잘 보존되고, 기의 흐름이 원활한 지역을 집터로 선택하는 것이 바람직하다.

뾰족하고 날카로운 모양의 산 능선이 집터를 향한 곳

날카로운 창 모양의 산 능선이 곧바로 집터로 향한 곳은 피해야 한다. 이렇게 뾰족하고 날카로운 능선 모서리가 집터를 직격하는 곳에서 살면 큰 화를 당하거나 가슴 아픈 흉사가 빈번하게 일어난다. 뾰족하고 날카로운 모양의 산 능선이 집터를 향하는 것은 생기 풍수에서 '산세山勢가 날카로워 기가 세게 몰리는 형상'으로 여겨져 집터로 부적합하다. 이런 형태를 '화살촉 산세' 또는 '독사毒矢'라고 하며, 날카로운 기운이 집으로 직접 몰려와 거주하는 사람들에게 불리한 영향을 끼칠 수 있다. 날카로운 산세가 집터를 향할 경우 그 기운이 거주자의 정신적·신체적 건강에 부정적인 영향을 미칠 수 있다고 여긴다. 스트레스, 불안, 건강 문제 등이 증가할 수 있다. 또한, 집안의 재물이 새어 나가고 가족 간의 불화가 생기기 쉽다. 기의 흐름이 거칠고 날카로워 집안의 안정성을 해칠 수 있다. 이러한 산세는 사고나 재난의 위험을 높일 수 있으며, 가슴 아픈 일이 발생한다. 따라서 집터를 선택하거나 주변 환경을 조성할 때 이러한 원칙을 고려하여 긍정적인 에너지가 유입되고 부정적인 영향을 최소화하는 방향으로 고려하는 것이 바람직하다.

물줄기가 휘돌아치고 들어오는 땅

강이나 하천 계곡 등의 물줄기가 치돌아 땅 쪽으로 들어오는 곳도 집터로는 나쁘다. 이른바 수살水殺 받는 땅으로 사람이 크게 다치고 단명하며 경제적으로도 궁핍하게 한다. 물줄기가 집터 쪽으로 휘돌아 들어오는 지형은 홍수나 갑작스러운 물길 변화로 인한 피해를 입기 쉽다. 특히, 장마철이나 태풍 등으로 인한 강수량 증가 시, 물의 흐름이 건축물이나 토지를 직접적으로 위협할 수 있기 때문이다. 또한 물이 가까이 있는 지역은 습기가 많아 곰팡이 발생 위험이 높다. 이는 건축물의 내구성 감소는 물론, 거주자의 건강에도 악영향을 미칠 수 있다. 생기풍수에서는 수살을 받는 땅은 물의 흐름이 강하고 복잡하게 들어오는 지역으로 부정적인 기운을 가진 곳으로 본다. 이러한 기운은 거주자의 건강, 장수, 그리고 경제적인 안정성에 부정적인 영향을 미칠 수 있다. 물의 흐름은 기의 흐름과도 연결되어 있다.

강한 골바람 불어대는 골짜기의 땅

연중으로 밤낮없이 골바람이 거세게 불어대는 곳도 집터로 좋지 않다. 이런 곳에 집을 짓고 살면 건강에 문제가 생기거나 재물도 모이지 않는다. 강한 바람은 체온 조절에 영향을 미칠 수 있으며, 특히 겨울철에는 추위를 더 심하게 느끼게 할 수 있다. 또한 강한 바람은 호흡기에 문제를 유발하거나 악화시킬 수 있으며, 알레르기나 아토피 같은 피부질환에도 부정적인 영향을 줄 수 있다. 또한 지속적으로 강한 바람이 부는 환경에서는 일상생활에 불편함을 겪을 수 있다. 예를 들어, 문과 창문의 개폐가 어렵거나, 외부 활동의 제한을 받거나 실내외 온도 차이로 인한 불쾌감 등이 발생할 수 있다. 생기풍수에서는 바람이 세게 부는 곳을 재물이 모이기 어려운 곳으로 본다. 바람은 기의 흐름을 상징하며, 강한 바람은 기가 안정적으로 모이고 순환하기 어렵게 만들어 재물과 행운의 흐름을 깨트리기 때문이다. 강한 바람에 장기간 노출된 건물은 구조적인 문제를 겪을 수 있으며, 바람에 의한 지속적인 압력은 건물의 내구성을 약화시킬 수 있다. 따라서 강한 골바람이 불어대는 골짜기의 땅에서의 거주는 건강, 생활의 질, 재물 관리 측면에서 여러 가지 문제를 야기할 수 있다.

앞이 높고 뒤가 낮은 터

이런 곳은 사람의 마음을 답답하고 항시 불안하게 만든다. 뒤쪽이 높아 안정적으로 보호받는 느낌을 주는 것이 중요하다. 반대로 앞이 높고 뒤가 낮은 경우, 보호받지 못하는 느낌과 함께 심리적으로 불안정하고 답답함을 느낄 수 있다. 이는 마치 등 뒤가 허전한 느낌으로, 항시 불안감을 유발할 수 있다. 생기풍수에서는 기의 흐름이 중요한데, 이러한 터의 형태는 에너지 흐름이 앞으로 쏠리게 하여 집안으로 좋은 기운을 끌어들이는 데 방해가 될 수 있다. 특히 집 앞에 큰 산이나 높은 건물 등이 있으면, 집으로 들어오는 기운이 막히게 되어 길운을 받기 어렵다. 편안하고 긍정적인 에너지가 흐르는 주거공간으로 만들려는 노력은 생활의 질을 향상시키는 데 좋기 때문이다.

경사가 가파른 땅

경사가 급한 곳을 집터로 삼으면 재물이 흘러 모으기가 어렵다. 그러므로 경사가 급한 땅을 집터로 선택하는 것은 좋지 않다. 생기 풍수에서는 자연환경과 건축물의 조화를 중요시 생각하고 환경이 인간의 건강과 재물 그리고 행운 등에 영향을 준다고 본다. 경사가 급한 땅은 재물이나 길운을 유지하기 어려운 환경이다. 일반적으로 경사진 면은 기운이나 재물이 쉽게 흘러내리는 형상으로 재물을 모으고 유지하기 어렵다. 또한 건축을 하는 데에도 경사진 터는 여러 가지 어려움이 따른다. 기초 공사가 복잡해지고, 추가적인 지지 구조가 필요하여 비용이 증가할 수 있다. 경사진 지형에서는 생활이 불편할 수 있으며, 집 내부의 구조나 외부 환경 조성에 있어서도 일반적인 평지보다 더 많은 건축비가 든다.

홀로 불쑥 튀어나온 땅

주위 자연형세와 부드럽게 어울리지 않고 홀로 툭 튀어 나온 돌출된 땅도 집터로 피해야 한다. 돌출된 지형은 주변보다 높거나 노출된 상태이기 때문에 태풍, 장마, 폭설 등의 자연재해 시에 바람과 물의 흐름을 직접적으로 받게 된다. 이로 인해 피해를 보기 쉽다. 예를 들어, 직접 강한 태풍에 노출되어 건물이 손상될 수 있고, 비나 눈이 집중되어 토사 붕괴 등의 위험이 있을 수 있다. 돌출된 지형에 위치한 집은 주변과의 자연스러운 연결이 부족하고 접근성이 떨어질 수 있다. 이로 인해 범죄의 대상이 되기 쉬운 환경을 조성할 수 있다. 생기풍수에서는 이러한 지형이 주변 환경과의 조화를 방해하고, 집으로 유입되는 긍정적인 에너지의 흐름을 막을 수 있다고 본다. 이는 주거지에 거주하는 사람들의 건강, 재물, 행운에 부정적인 영향을 미칠 수 있다.

깊은 골짜기의 땅

어둡고 습한 깊은 골짜기에 집을 지으면 건강과 재물을 잃는다. 깊은 골짜기에 위치한 땅에 집을 지을 경우 건강과 재물에 미치는 부정적인 영향이 많다. 깊은 골짜기에 위치한 집은 충분한 햇빛을 받지 못하며, 비타민 D 합성에 필수적인 햇빛 부족은 건강 문제로 이어질 수 있다. 골짜기의 어둡고 습한 환경은 곰팡이와 진균의 성장을 촉진할 수 있다. 이러한 환경에서 생활하는 것은 호흡기 문제와 알레르기를 유발할 수 있으며, 이는 건강에 부정적인 영향을 미친다. 또한 깊은 골짜기에 위치한 집은 접근성이 떨어지고, 자연재해에 취약하다. 홍수나 산사태로 인해 재산 피해가 발생할 가능성이 높고, 에너지 흐름이 원활하지 않아 건강과 재물에 부정적인 영향을 미칠 수 있어 삶의 질을 저하시킬 수 있다.

폭포소리가 들리는 곳

예로부터 인근에 폭포가 있어 항상 물 떨어지는 소리가 크게 들리는 곳에 살면 줄초상을 당한다고 하여 집터로 삼지 않았다. 폭포의 지속적인 소음은 사람들에게 스트레스를 줄 수 있으며, 장기적으로는 건강에 부정적인 영향을 미칠 수 있다. 소음은 수면 패턴의 방해, 불안, 스트레스 증가와 같은 문제를 야기할 수 있으며, 또한 폭포 근처의 환경은 습기가 많고, 때로는 물안개가 발생하기도 한다. 이러한 환경은 주거 환경에 좋지 않으며 건물의 내구성에도 영향을 미칠 수 있다.

자갈이나 모래로 된 땅

자갈이나 모래로 된 땅은 사람에게 좋은 지기가 없는 메마른 땅이다. 당연히 집터로 좋지 않은 곳이다. 자갈이나 모래로 된 땅은 건축하는데도 여러 가지 어려움이 있다. 이러한 유형의 토양은 통상적으로 물 배수가 잘 되는 장점이 있을 수 있지만, 자갈이나 모래는 비교적 느슨한 토양 구조를 가지고 있어, 건축물의 무거운 하중을 효과적으로 지탱하기 어렵다. 이로 인해 건축물의 기초가 약해지고, 시간이 지남에 따라 침하나 변형이 발생할 위험이 높다. 또한 자갈이나 모래로 이루어진 토양은 물을 잘 흡수하고 빠르게 배출하기 때문에, 건조하고 주변 식물이나 조경에 부정적인 영향을 끼칠 수 있다.

사당이나 제단, 성황당이나 공동묘지와 전쟁터

이런 장소는 많은 영가靈駕들이 머물고 오가는 곳으로 이런 곳 가까운 곳을 집터로 삼아 살면 정신적 · 육체적으로 모두 영가로부터 나쁜 영향을 받을 수 있다. 사당, 제단, 성황당, 공동묘지, 전쟁터와 같은 장소는 전통적으로 많은 영적인 에너지가 모이고 흐르는 곳이다. 이런 장소들은 과거의 사건, 추모, 경배, 그리고 기타 영적인 활동으로 인해 강한 영적인 기운이 존재하는 곳들로 가까이에 거주하면 정신적 · 육체적 건강에 악영향을 받는다. 강한 영적 에너지가 흐르는 장소들은 일부 사람들에게 불안감이나 두려움을 유발할 수 있으며, 특히 밤이나 조용한 시간에 이러한 감정은 더욱 강해질 수 있다. 영가의 존재감이나 영적 활동이 느껴질 때는 수면 패턴에도 영향을 미쳐 수면 장애를 일으킬 수 있다. 지속적인 불안감이나 두려움은 정신적 불안정을 초래할 수 있으며, 이는 일상 생활에 영향을 끼칠 수 있다. 수면 장애나 정신적 스트레스는 육체적 피로감으로 이어질 수 있어 일상적인 활동을 힘들게 할 수 있다.

군부대나 교도소, 법원 근처

이런 장소 옆에 위치한 집터는 그 장소가 지닌 긴장감과 엄격함, 그리고 부정적인 에너지가 주변으로 퍼져 나와 거주하는 사람들에게 좋지 않은 영향을 미칠 수 있다. 이는 거주자의 정신적 · 심리적 안정성을 해칠 수 있으며, 그로 인해 생활에 여러 가지 불편함이나 어려움이 따를 수도 있다. 좋지 않은 주거 환경의 에너지, 즉 '사기邪氣'가 거주자의 운명과 건강, 그리고 재산에 영향을 미칠 수 있다.

대로변이나 교차 인근

많은 차량과 인파가 지나가며 항시 복잡하고 요란한 곳도 집터로는 좋지 않다.

　대로변이나 교차로 주변은 차량과 사람들로 인한 소음이 많고, 차량에서 발생하는 분진이나 배출가스 등이 실내 공기의 질을 떨어뜨릴 수 있기 때문이다. 이러한 환경은 장기적으로 거주자의 건강에 부정적인 영향을 줄 수 있으며, 특히 아이들이나 노약자가 있는 가정에서는 더욱 신중해야 한다. 집은 휴식을 취하고 에너지를 충전하는 공간이어야 하는데, 소음이 지속적으로 발생하는 환경은 집중력을 저하시키고, 수면의 질을 떨어뜨려 정신 건강에도 악영향을 미칠 수 있다. 이는 삶의 질을 저하시키는 중요한 요소가 된다. 대로변이나 교차로와 같이 소음과 분주함이 가득한 곳은 '기'의 흐름이 불안정하고 산만하다. 결국 거주자에게 긍정적인 '기'를 제공하기 어렵다고 보며, 이런 장소는 주거지로 적합하지 않다.

논바닥, 늪지, 개천, 연못, 호수 등을 매립한 곳

　매립지는 대부분 수맥이 흐르고 있어 좋지 않다. 매립지는 원래 물이 차 있던 곳을 메운 곳이므로, 지반 안정성이 자연 상태의 땅에 비해 떨어질 수 있다. 이는 건물의 기초 공사에 있어 추가적인 비용이 발생할 수 있으며, 지반 침하와 같은 문제로 이어질 가능성도 크다. 장기적으로 보았을 때, 건축물의 유지 보수 비용이 증가할 수 있으며, 심각한 경우 안전 문제로도 이어질 수 있다. 매립지는 물이 모이는 곳이었기 때문에 대부분 수맥이 흐르고 있다. 수맥이 인체에 미치는 영향을 보더라도 수면의 질에 부정적인 영향을 줄

수 있다. 특히 장기간에 걸쳐 이러한 환경에 노출되면 건강 문제로
이어질 수도 있다.

산을 절개한 땅

재물이 흩어지고 정신적으로도 나쁜 곳이다. 생기풍수에서는
자연환경과 인간 생활의 조화를 중요시하며, 자연을 무리하게 파
괴하거나 변형시키는 행위는 기의 흐름을 나쁘게 하여, 재물의 손
실이나 정신적 불안정을 초래할 수 있다. 산을 절개하여 만든 땅은
자연의 원래 형태를 크게 변형시킨 곳으로, 특히 산의 형태가 파괴
되면 그 지역의 '지기'가 약해진다. 절개한 지역은 지형적으로 불균
형을 가져와 결국 주거나 건축에 있어서 추가적인 비용이 든다.

골짜기를 복토한 땅

땅속으로는 수맥으로부터, 땅 위로는 거센 바람으로부터 피해를
입는 곳이다.

골짜기를 복토한 땅이 좋지 않은 것은 이러한 지형이 자연적인
기운의 흐름에 부정적인 영향을 미칠 수 있기 때문이다. 수맥으로
부터의 영향과 거센 바람으로부터의 피해는 그 지역의 기와 환경
에 불안정을 초래하며, 이는 결국 그곳에 사는 사람들의 건강, 재
산, 그리고 전반적인 삶의 질에 부정적인 영향을 미칠 수 있다. 수
맥이 강하게 흐르는 지역에서는 전자기적 영향이나 지하수의 흐름
으로 인해 지상의 생활환경에 영향을 받을 수 있다. 특히, 집이나

건물이 수맥 위에 위치할 경우, 수맥의 에너지가 사람들의 건강에 악영향을 미치며, 수맥이 강한 곳에서는 수면 장애, 만성 피로, 그리고 다양한 건강 문제가 발생할 수 있다.

고압전류가 흐르는 철탑 근처

당연히 건강에 해로운 땅이다. 고압전류가 흐르는 철탑 근처의 땅이 건강에 해로울 수 있다는 우려는 대부분 전기장과 자기장, 즉 전자기장(EMF)이 인체에 잠재적 악영향을 주고 있기 때문이다. 전기장은 전기가 흐르는 모든 곳에서 발생하며, 고압선이나 철탑과 같은 곳에서는 그 강도가 더 높게 나타난다. 전자기장이 인체에 미치는 영향에 대한 연구는 다양하게 이루어져 왔다. 일부 연구에서는 전자기장 노출이 특정 건강 문제와 연관될 수 있다고 제시되고 있다.

큰 공장이 있었던 땅

이미 흙은 오염되고 지기가 손상된 곳으로 결코 집터로 좋지 않다. 큰 공장이 있었던 땅이 집터로 부적합할 수 있다는 우려는 다양한 화학 물질, 중금속, 유해 폐기물 등이 토양과 지하수를 오염시키고, 이는 결국 인간의 건강과 환경에 심각한 영향을 끼칠 수 있기 때문이다. 공장 운영 과정에서 사용되는 여러 화학 물질과 중금속은 토양에 장기간 남아 있을 수 있다. 이러한 물질들은 인체에 유해하며, 특히 어린이의 성장발달에 심각한 영향을 미칠 수 있다.

공장에서 발생하는 유해 폐기물이 적절히 처리되지 않고 땅에 버려진 경우 토양을 통해 유해 물질이 지하수로 스며들 수 있으며, 이는 결국 음용수로 사용될 수 있는 지하수의 오염으로 이어진다. 지하수 오염은 인체에 직접적인 영향을 미칠 뿐만 아니라, 오염된 지하수를 사용하는 농업 등에도 부정적인 영향을 줄 수 있다. 또 공장 건설과 운영 과정에서 지반을 굳히거나, 무거운 기계를 사용하는 등의 활동은 지반을 손상시킬 수 있다. 이러한 지반 손상은 향후 건물의 안전성에 영향을 준다.

점토가 많아 질퍽질퍽한 땅

흙 성분에 끈적끈적한 점토가 많아 물이 잘 빠지지 않으면 늘 질퍽질퍽한 땅에 살게 되어 갖가지 질병에 걸리기 쉽다. 점토가 많아 질퍽질퍽한 땅은 물의 침투와 배수가 어려워 물이 오래 머무르게 되며, 이러한 환경은 다양한 방식으로 인간의 건강에 악영향을 미칠 수 있다. 점토질 토양은 물을 잘 흡수하지만, 동시에 물이 잘 빠지지 않아 토양 내에 수분이 고여 있는 상태를 유지하게 되며, 이로 인해 건강상에 문제가 발생할 수 있다. 특히 고온 다습한 환경은 곰팡이 및 곰팡이균의 성장에 이상적인 조건을 제공한다. 이로 인해 호흡기 질환, 알레르기 반응, 천식 발작 등이 유발될 수 있으며, 물이 고인 환경은 모기를 비롯한 여러 해충의 번식지가 될 수 있다.

쓰레기 매립장이나 축사가 있던 땅

오염된 곳으로 가스, 침전물, 악취 등으로 건강에 나쁜 곳이다. 쓰레기 매립장이나 축사가 있던 땅은 환경이나 건강상의 문제를 유발할 수 있는 오염원이 된다. 이러한 장소들은 특히 가스 발생, 침전물 유출, 악취 등과 같은 문제를 유발하여 주민들의 생활 환경에 악영향을 미칠 수 있다. 장기간에 걸쳐 오염된 환경에 노출되면 호흡기 질환, 피부 질환, 알레르기 반응 등 다양한 건강 문제를 겪게 된다. 특히, 유해 화학물질이나 중금속에 노출될 경우 더 심각한 건강 문제를 유발할 수 있다.

만사가 안 풀리면 이사가 상책이다

생기풍수에서는 환경 에너지가 개인의 운명과 성공에 큰 영향을 미친다고 본다. 현재 거주하고 있는 곳의 에너지가 본인과 잘 맞지 않거나 부정적인 에너지, 특히 수맥이 많이 흘러 부정적인 영향을 미친다고 느낀다면, 새로운 공간으로 이동하여 더 좋은 기운을 받는 것이 바람직하다. 주거지에서 꽤 오래 살았는데, 일이 꼬이고 만사가 안 풀릴 때는 이사를 고려해 봐야 한다. 부정적인 좋지 않은 에너지로부터 벗어나는 것이 현명하다. 이사를 고려하는 것은 환경 변화를 통해 새로운 기회를 찾고, 우리의 생각, 행동, 감정에 생기 넘치는 에너지를 받기 위함이다. 생기는 우리 삶에 큰 영향을 주기 때문에 이사를 통해 주거환경을 바꿔 집안에 생기가 흐르도록 해야 한다.

좋은 땅에서 좋은 기운이 나온다. 안 풀릴 때는 좋은 동네로 이사하면 새로운 좋은 기운을 받을 수 있다. 사람의 운명은 사는 곳만 잘 정해도 절반은 성공한 것이다.

이사를 갈 때는 우선 도로가 반듯하고 깨끗한 동네를 선택해야 한다. 굽었던 길과 도로, 지저분했던 길이 반듯하고 말끔하고 새로 났다면 이는 좋은 징조이다. 잠자는 거리가 일어난다는 뜻으로 새로운 좋은 일이 생긴다는 걸 의미한다. 집을 구할 때는 그 무엇보다 도로가 반듯하고 깨끗한 지역이어야 한다. 도로의 모양과 상태를 보면 그 동네의 기운을 알 수 있다.

장소가 주는 좋은 기운을 받도록 한다. 사무실이든 신혼집이든 건축물보다는 위치가, 땅이 중요하다. 좋은 기운이 흐르는 땅에서 신혼생활도 사업도 시작해야 한다. 만물은 땅에서 시작되는 법이다.

운을 바꾸려면 숨통이 트이는 장소로 가라. 비탈길을 너무 오래 보면 영혼도 기울어진다. 사람은 땅의 기운을 그대로 받는다. 기울어진 길이나 많은 집들이 경사지고 다닥다닥 붙어있는 동네는 영혼의 활동이 제약되고 불안한 기운이 많기에 피해야 한다.

풍수에선 통로가 시원스럽지 못하면 운이 막힌다고 본다. 통로를 가로막고 실내를 답답하게 만들면 사업도 부진하고 자녀들도 출세하기 어렵다. 그리고 살림살이로 온통 집 안팎이 꽉 차 있다면 좋지 않다. 집 어딘가는 넓고 시원하고 트인 곳이 있어야 한다. 집 안에 짐을 줄이더라도 트인 공간을 확보해야 한다.

이사는 번거롭고 힘든 일이다. 그러나 현재 살고 있는 집에서 가족들이 자주 병이 나고 이런 저런 일로 재산만 축나고 되는 일이 없다면 문제이다. 이런 집은 대개 집 주인이 자주 바뀌게 되는데 풍수적으로 집터가 나쁘고 수맥이 흐르기 때문이다. 이때는 달리 방법이 없다. 절이 싫으면 중이 절을 떠나야 하듯이 그런 집은 떠나야 한다. 힘들지만 용단勇斷을 내려 이사를 하는 것이 좋다.

그러나 더 나은 삶을 위해 온 가족의 생활공간을 옮기며 삶에 큰 변화가 생기는 것인 만큼 이사를 할 때는 신중해야 한다. 특히 새 집을 찾고 이사를 할 때도 생기풍수 면에서 다음을 고려해야 한다.

좋은 집터, 좋은 집 고르는 요령

앞에서도 밝힌 바와 같이 좋은 집터란 앞산의 유무와 좌청룡(왼쪽 산줄기), 우백호(오른쪽 산맥)가 잘 배치되어 있는가를 살펴보는 것이 중요하다. 거기다 배산임수형으로 집터 뒤로는 산이, 집터 앞으로는 젖줄처럼 흘러가는 냇가를 끼고 있다면 좋은 집터로 평가할 수 있다. 그러나 산 대신 높은 건물들 사이 도심에서 살아가는 오늘날에는 이런 전통적인 풍수로만 집터를 판단하기 어려워졌다. 대신 집터 자체를 가지고 살펴보는 것이 현실적이다.

집 자체를 보아도 집이 무섭게 느껴진다거나 불안감을 주지 않아야 한다. 우선적으로 집에 들어가면 밝고 편안한 느낌을 주는 곳이 좋다. 어둡고 음산한 분위기에 차갑거나 두렵고 불편한 느낌이 든다면 피하도록 한다. 실내 구조도 중요하다. 우선 현관이 제대로 나 있는지를 살펴보아야 한다. 현관을 들어서면서 안방이나 부엌이 정면으로 고스란히 보이는 집은 좋지 않다. 화장실의 위치도 동쪽이나 남쪽에 있다면 좋지 않으니 유의할 필요가 있다.

집을 둘러싸고 있는 도로 상태도 길운을 좌우한다. 주택의 전면과 평행으로 나 있는 도로가 길하고 좋은 도로이다. 집 전면과 접하고 있는 도로는 구불구불한 것보다 반듯한 것이 풍수적으로 더 좋다.

생기풍수에서 좋은 집터와 좋은 집을 고르는 것은 매우 중요한 결정 중 하나이며, 다음은 좋은 집터와 집을 고르기 위한 몇 가지 요령이다. 출산 인구가 줄고 도시화가 가중되는 상황에서 이제는 주택 구입도 집중과 선택을 잘해야 투자도 되고, 재물을 지킬 수 있다.

① 위치와 환경

교통 편의성 : 대중교통이나 주요 도로 접근성이 좋은 위치를 선택한다.

학교 및 교육 환경 : 좋은 학교 및 교육 시설이 인근에 있는지 확인한다.

주변 환경 : 조용하고, 공기가 깨끗하며, 치안이 좋은 지역을 선택해야 한다.

편의 시설 : 마트, 병원, 공원 등 일상생활에 필요한 편의 시설이

가까운 거리에 있는지 확인한다.

② 토지의 특성

지형 : 홍수나 산사태 위험이 낮은 지역을 선택하고, 경사지보다는 평지가 좋다.

향과 조망권 : 남향이나 동향을 선호하며, 좋은 조망권을 갖춘 토지를 선택한다.

지반 상태 : 지반 이력을 알아보고 토지가 안정적인지 확인한다.

③ 건축 및 구조

구조의 안전성 : 지진이나 태풍 등 자연재해에 견딜 수 있는 견고한 구조인지 확인한다.

에너지 효율 : 단열이 잘 되어 있고, 에너지 효율이 높은 집을 선택한다.

실내 공간 : 가족 구성원의 수와 생활 스타일에 맞는 충분한 공간과 구조를 갖춘 집을 선택한다.

④ 법적 검토

건축 허가 및 규제 : 건축법, 지역 규제, 용도 지역 등 관련 법적 요건을 확인한다.

등기 사항 : 부동산 등기부등본을 통해 소유권, 권리관계, 근저당 등을 확인한다.

⑤ 재정 계획

예산 설정 : 구매와 유지 관리 비용을 포함한 전체 비용을 고려해 예산을 세우도록 한다.

장기 투자 가치 : 위치나 지역 개발 계획 등을 고려하여 장기적인 투자 가치가 있는지 평가한다.

좋은 집터와 집을 선택하는 것은 단순히 현재의 필요를 충족시키는 것뿐만 아니라, 장기적으로 삶의 질과 투자 가치를 고려해서 하는 결정이다. 따라서 신중한 검토와 준비가 필요하다.

집을 보러 갈 때의 시간

이사 가려는 집을 찾아가 구경할 때는 가능한 오전에 방문하는 것이 좋다. 오후에는 대기 중에 여러 가지 복잡한 기운氣運이 흘러 이사 갈 집에 생기가 흐르는지 올바르게 가늠하기가 어렵다. 저녁이나 밤에 가는 것은 더욱 좋지 않다. 특히 좋은 집은 동쪽이나 동남쪽으로 창문이 있어 아침 햇살의 활기찬 기운이 집안으로 들어와야 하는데 늦은 오후나 저녁 시간에는 햇빛이 제대로 들어오는지 확인할 수가 없어 피해야 한다. 만약에 오후에 방문했을 때 집이 밝고 환한 느낌을 주었다면 서향집이거나 서쪽에 큰 창문이 있을 것이다. 서향집은 일몰의 음습한 태양 빛이 강하게 들어오기 때문에 좋지 않다. 이는 집안에 음의 기운이 높아져 음양의 조화가 깨져서 탁한 기운이 감돌아 흉한 주택이라 본다.

이사 가는 날은 손 없는 날로

일반적으로 풍수지리는 몰라도 손 없는 날은 많이 알고 있을 것이다. 이사할 때, 집수리할 때, 여행 갈 때, 조상의 산소를 손볼 때는 손 없는 날로 택일을 하고 손 없는 방향을 잡는다. 손 없는 날이란 음력 9일과 10일을 말한다. 즉 음력 9일, 10일, 19일, 20일, 29일, 30일은 손 없는 날로, 이사를 하거나 집수리를 해도 좋은 날이다. 어떤 이는 미신으로 치부하기도 하지만, 손 없는 날에는 천지만물天地萬物에 흐르는 기운이 가장 부드러울 때로 슬기로운 선조들의 오랜 경험에서 얻은 통계적 상식에 해당된다. 또한 동서남북의 4방위를 관장하는 흉신凶神의 기운이 강할 때를 삼살방, 대장군방이라 하는데, 이때는 흉신이 사람들의 활동이나 이동을 방해하므로 피하도록 한다.

집 밖의 남의 물건을
함부로 들이지 말라

남의 물건을 함부로 집으로 들여오는 것은 피해야 한다. 이는 풍수지리적 관점에서도 그렇고 일반 상식적인 관점에서도 그렇다. 생기풍수의 관점에서 볼 때 남의 물건은 우리 집의 '기'에 영향을 미칠 수 있다. 그 물건이 어떤 역사를 가지고 있는지, 어떤 에너지를 가지고 있는지 알 수 없기 때문이다. 특히 부정적인 에너지를 가진 물건이라면 우리 집의 활력이나 행운에 악영향을 미칠 수 있다.

이 세상의 모든 일들 중 과학으로 증명이 된 것만 사실로 보는데, 과학으로 증명이 안 되는 일들도 엄연히 사실로 존재한다.

그런 예 중 하나가 가정이나 회사에 물건을 잘못 가지고 들어온 후 별안간 몸이 시름시름 아프기 시작하거나 갑자기 회사 경영이 힘들고 파탄 나기도 한다.

나의 집안 이야기를 잠깐 해 볼까 한다. 내가 태어나기 전 바로 위에 형이 한 명 있었다. 그런데 일제 36년 식민지가 끝나고 해방이 되어 일본 사람들은 일본으로 거의 다 돌아갔지만 60년대 초까지도 일본으로 돌아가지 못한 일본인들이 많이 살고 있었다. 그 중에 모친의 지인으로 '아키코'라는 일본인 아주머니가 있었는데, 6.25 전쟁이 끝나고 전 국민이 힘든 시절 아키코 아주머니도 어렵게 살고 있었음에도 도움을 많이 주었다고 한다.

그러던 어느 날 아키코 아주머니가 자기 집의 짐을 보관해 달라고 해서 얼마간 우리 집에 보관해 주었는데 그게 탈이 난 것이다. 당시 5살된 형은 그 짐이 집에 들어온 후 갑자기 한 달 이상 열병에 걸린 사람처럼 엄청난 열이 나며 아팠는데 유명한 한의원과 좋다는 병원은 모두 찾아다니고 온갖 약을 다 써 봤지만 소용없이 죽었다고 한다. 그 이후 귀한 아들을 잃고 3년여 이상 부모님들은 정신줄을 놓고 살았다고 했다.

사실 이런 일들은 크든 작든 주변에서 비일비재하게 일어나고 있다. 가끔 장난삼아 술집에 있는 소품이나 노래방에 있는 탬버린 등을 몰래 가져오는 사람들이 있는데 음기가 강한 곳의 물건들이나 특히 남이 쓰던 물건은 함부로 집에 들이는 게 좋지 않다.

4년 전쯤 상담한 사례로 수원에서 인테리어를 하는 70대 남성분인데 아파트를 사서 직접 인테리어를 하고 고가구를 사서 집을 멋지게 꾸민 후 문제가 생겼다고 한다. 집에서는 어떤 음식이고

먹을 수가 없고 갈수록 몸에 기운이 다 빠져나가며 어지러운 증상
이 심하게 나타났다고 한다. 하지만 집 밖에서는 곧장 음식을 먹
을 수가 있다고 했다.

또 다른 사례는 성남에 사는 50대 여성으로 언니가 쓰던 골프채
를 받고 그 다음 날부터 잠을 못 자고 몸이 피곤하며 여기저기 아파
힘들었다는 것이다. 두 사람 모두 물건에서 동티가 났던 것이다.
그래서 찾아온 그들에게 비방秘方을 해주었고 그로부터 얼마 지나
지 않아 몸이 나았다는 이야기를 전해 들었다.

이런 현상은 물건에 따라붙어 들어 온 잡귀들 때문에 나타난 것
이다. 모두가 그런 건 아니지만 정말 재수가 없으면 가끔 그 가져
온 물건에 붙어 따라오는 잡귀들이 있다. 음식점이나 술집, 모텔,
호텔 등과 같이 여러 부류의 사람들이 많이 모이는 곳에는 부정 탄
사람들도 있다. 그런 부정 탄 사람들이 쓰던 물건이나 부정 탄 장
소에 있던 물건에 간혹 영가들이 붙어있는 줄 모르고 집안에 들였
다가 우환이 생기고 액운이 들어 힘들어지는 경우가 종종 있다.

그렇지만 기운이 좋은 사람이나 재벌, 갑부가 쓰던 가구에서는
좋은 기운, 복이 따라오는 경우가 많기에 이런 물건은 받아도 좋
다. 좋은 기운을 받고 나도 그 운을 상승시킬 수 있기 때문이다

터에 부족한 기를 채워주는 비법, 비보

생기풍수는 자연의 기를 이용하여 운을 극대화하고 부정적인 에너지를 최소화하는 방법을 찾는 풍수이다. 생기풍수에 따르면, 우리 주변 환경이 생활에 큰 영향을 주는데 터에 기가 부족할 경우 비방祕方을 통해서 이를 보강할 수 있다.

예를 들면 물을 이용하는 방책이 있다. 물은 생명력과 풍요를 상징하며, 터에 기를 불어넣는 가장 강력한 도구 중 하나이다. 물을 통해 기를 유입시키려면, 분수나 연못을 설치하는 등 집 근처에 물을 유도하는 등의 방법을 사용할 수 있다.

또한 식물도 생명력을 상징하며, 환경에 신선한 기를 불어넣는 방법 중 하나이다. 특히 크고 푸른 잎이 많은 식물은 기를 유입시키는 데 매우 효과적으로 사용된다.

색의 기운을 빌리는 방법도 있다. 색상은 각각 고유의 기운을 가지고 있다. 예를 들어 빨간색은 활기를, 파란색은 평온을, 노란색은 풍요를 상징한다. 적절한 색상을 사용하면 터의 기를 조절하는 데 도움이 될 수 있다.

그림이나 기호, 상징물에서도 특정 기를 불러올 수 있다. 예를 들어 개구리나 금붕어는 풍요를, 거북이는 장수를 상징하고 부엉이는 재물을 상징한다.

그리고 음악이나 노래, 종소리 등의 소리도 기를 유입시키는 데 도움이 될 수 있다. 특히 편안하고 평화로운 소리는 긍정적인 기를 불러온다.

이러한 방법들을 통해서도 우리 주변을 둘러싼 환경에 행운과 긍정적인 기를 불러들인다. 하지만 중요한 것은 이러한 방법들은 개인의 상황과 환경에 맞게 비방되어야 한다는 점이다. 따라서 보다 실제적이고 정확한 비보는 개인의 상황이나 거주하는 터 등에 따라 방법이 다를 수가 있으므로 풍수 전문가의 도움을 받는 것이 현명하다.

예로부터 우리 조상들 역시 기를 보충하고 나쁜 기운을 막는 풍수적 비방법이 있었다. 이를 비보裨補라고 하는데 주로 글자, 그림, 비석, 당간幢竿, 당산나무, 사당, 서낭당, 석불, 석상, 장승, 탑 등이 그 예이다.

특히 우리 조상들은 마을과 집 안팎에 기가 부족하거나 사기邪氣가 있으면 비보를 통해 살기 좋은 터로 만들었다. 경북 예천에 오래전 조성한 금당 숲과 같이 홍수와 비바람 등과 같은 자연재해를 막기 위해 송림을 가꿔왔고, 관악산처럼 날카로운 앞산으로부터 나오는 나쁜 기를 누르기 위해 광화문에 해태상을 세웠다. 또한 나라의 안녕을 기원하기 위해 절, 불상, 탑을 세웠고, 마을의 발전을 위해서는 조화로운 지명을 지어 나쁜 기운을 막고 좋은 기운을 불러오고자 했다.

선조들이 이런 풍수 비보를 통해 살기 좋고 뛰어난 인물이 많이 배출되는 마을을 조성하려고 노력한 흔적은 지금까지도 남아 있다.

조선시대부터 소문난 양반마을로 꼽혔던 경북 왜관읍의 매원梅院 마을은 한때 400여 가구가 모여 살았을 정도로 큰 규모였지만 지금은 수십 채의 고택들만 남아 있다. 이곳의 지명인 매원이라는 말은 원래 이 마을에 원院이 있었고, 마을 주변을 둘러싼 산과 마을의 모습이 마치 매화梅花 같다고 해서 붙여진 것이다. 그러나 오래전 마을의 서쪽 방향의 기운이 약해서 이를 보충하기 위한 비보로 나무를 심었다고 한다. 당시엔 꽤 많은 나무들로 무성했으리라 생각되나 지금은 10여 그루만 남아 마을을 지키고 있다

특히 매화는 불의에 맞서는 강직한 선비의 기상과 절개를 상징하며 많은 꽃을 피워 자손이 번성함을 뜻하기도 한다. 이러한 매화나무 형상의 양택지인 매원 마을 중에서도 명당 터에 자리 잡은 집안이 바로 칠곡 광주이씨廣州李氏 문중으로 조선 초에 크게 번성하며 명문가로 위세를 떨쳤다. 근대에 들어와서도 이수성 전 국무총

리를 비롯해 많은 후손들이 사회 각계에서 칠곡 광주이씨의 이름을 알리고 있다.

집 안팎을 둘러싼 나쁜 기운을 막아주고 생기를 불러오는 비법들도 있다.

양택풍수에서는 실내 공간 가운데 있는 기둥은 좋지 않게 여긴다. 특히 기둥이 많으면 거주자에게 불편하고 기둥에서 나쁜 기운이 나와 불운한 공간이 되고 만다. 이를 비보하려면 적당한 높이의 화분 등과 같은 소품으로 기둥 모서리를 중심으로 가리는 방법이 효과가 있다. 실내외로 잇는 출입문의 경우도 주의가 필요하다. 특히 출입문과 마주 보이는 뒷문이나 옆문은 내지 않는 것이 좋다. 만약 이미 그런 문이 있다면 가능한 그 문으로 출입하지 말고 문 정도 크기의 소품으로 가리도록 한다.

한편 집이 도로에 접해 있다면 담장을 쌓아 외부로부터의 나쁜 기운을 가져오는 바람을 막아야 하는데 만약 담장을 쌓는 것이 여의치 않다면 쥐똥나무, 팔손이나무를 심으면 나쁜 기운이 실린 바람을 막는 데 도움을 준다. 또한 집의 마당이나 정원에 있는 커다란 돌은 풍수적으로 살기가 뻗쳐 나오기에 해로운 존재로 본다. 따라서 돌들은 치워버리고 대신 흙이나 잔디를 까는 것이 이롭다.

그리고 집 앞에 고가도로가 가까이 붙어 있다면 풍수적으로 흉지로 간주한다. 차선책으로 시야를 가리고 자동차 소음을 막을 수 있는 차폐막을 설치하는 것이 좋다. 거기다 차폐막 앞쪽으로 검은 대나무, 즉 오죽烏竹을 심으면 고가도로에서 흘러오는 사기를 막을 수 있다.

생기비보生氣神補는 터의 부족한 기를 채워주는 방법들을 다루는 것으로, 주거지나 사업장의 운을 개선하고자 할 때 활용된다. 기를 조절하고 길한 에너지를 유도하기 위한 몇 가지 방법을 소개한다.

① 수목 식재

수목 배치 : 건물 주변에 나무를 심어 긍정적인 기를 유입시키고, 부정적인 기를 차단한다. 예를 들어, 건물 앞쪽에 큰 나무를 심어 너무 강한 기를 조절하거나, 뒤쪽에 나무를 심어 지지를 강화할 수 있다.

식물의 선택 : 특정 식물과 나무는 긍정적인 기를 더 강하게 끌어들일 수 있다. 대나무는 악기惡氣를 제거하고 긍정적인 기를 불러들이는 데 좋다.

② 물의 활용

수경 조경 : 물은 생기를 불러오고 기를 조절하는 데 중요한 역할을 한다. 집이나 사업장 입구에 작은 연못이나 분수를 설치하면 긍정적인 기를 유입시킬 수 있다. 다만, 물의 위치와 방향이 중요하므로 전문가의 조언을 구하는 것이 좋다.

③ 실내외 환경 조성

정리 정돈 : 집안이나 사업장 내부의 정리 정돈은 기의 흐름을 원활하게 하여 긍정적인 에너지를 유지하는 데 필수적이다. 혼란스러운 공간은 기의 흐름을 방해하고 부정적인 에너지를 유발할 수 있다.

배치와 구조 : 공간 내 가구 배치와 방향도 중요하다. 예를 들어, 침대나 책상을 놓는 위치와 방향을 조정하여 개인의 건강과 운을 개선할 수 있다.

④ 상징물의 활용

풍수용품 : 바람과 물을 상징하는 풍수용품을 적절한 위치에 배치하여 긍정적인 기를 유도한다. 예를 들면 구슬, 바람개비와 용, 부엉이, 거북이 등의 상징물은 길한 기를 불러오는 데 사용된다.

⑤ 색채의 활용

색채 선택 : 색상은 기의 흐름에 영향을 줄 수 있다. 각 방향과 공간에 맞는 색상을 사용하여 긍정적인 에너지를 증진시킬 수 있다. 예를 들어, 남쪽을 향하는 공간에는 화려한 색상을 사용하면 활기를 더할 수 있다.

🦉 재물운을 끌어당기는 마법의 주문

같은 아파트 단지 같은 라인에 살더라도 서로 운이 다를 수 있다.
실내 공간에서의 인테리어 환경 그리고 생기있는 조명 등 수많은 생기풍
수 조건이 다르기 때문이다.

생기 넘치는 실내외 공간 구성법

풍수는 인류가 지구상에 출현한 이후 자연스럽게 실생활에 접목되면서 지난 수천 년 동안 인류가 쌓아온 지혜와 경험에 의해서 축척된 실증과학 통계자료이다. 집(양택)의 건축 요소와 가구, 가전제품 등을 자연의 이치에 따라 배치해 기의 흐름을 순조롭게 만들어 줌으로써 건강과 재물을 부르는 것이 생기풍수이다. 그동안의 딱딱하고 어려운 풍수지리가 아닌, 생활 속에서 풍수를 즐기는 가운데 생기를 받을 수 있다.

대문

대문이 낮은 곳에 위치하면, 기가 집안으로 들어와서 쉽게 빠져나가지 않고 내부에 머무르게 된다. 이는 집안에 긍정적인 에너지가 축적되어 거주하는 사람들에게 좋은 영향을 미치는 것이다. 그러나 풍수는 복잡하므로, 집의 위치와 구조, 주변 환경 등 다양한 요소들을 종합적으로 고려해야 한다. 단독주택의 경우 대문은 집보다 낮아야 하며 집에 비례해서 부자연스럽게 크지 않아야 좋다. 또한 대문 밖의 도로도 대문보다 낮아야 하며 대문 옆의 큰 조경수는 좋지 않다.

현관

현관은 외부와 직접 접촉하는 곳으로 항상 청결해야 한다. 공기 순환이 잘 되며 햇빛도 잘 드는 위치가 좋다. 때문에 남동쪽이 현관 위치로는 가장 좋다. 현관에는 반드시 실내공간과 분리해 주는 중문中門을 설치하도록 한다. 단, 현관문과 중문이 일직선이 되는 건 풍수적으로 좋지 않으니 피하고 자연광을 받기 어렵다면 전등으로 밝게 유지하는 것이 좋다.

그리고 현관의 신발은 모두 신발장 안에 넣고 꼭 필요한 슬리퍼나 금방 신을 신발만 두도록 한다. 아울러 집에 들어서자마자 만나는 공간이므로 현관에 우산, 큰 화병, 각종 운동용품 등을 늘어놓아 정신을 산만하게 만들지 않도록 한다.

방(침실)

풍수적으로 기의 흐름이 가장 원활한 모양이 원이고 그 다음이 정사각형 형태이다. 실내 공간의 효율적 이용에도 사각형 모양이 제일 좋으므로 반드시 정사각형이 아니더라도 사각형 모양의 방이

풍수적으로 바람직하다. 가장이 머무는 안방의 경우 집 중앙에 위치하는 것이 좋다. 2층 구조일 경우 아래층이 빈 공간이라면 그 바로 위에 방을 설계하지 않도록 한다. 방안의 침대는 출입문과 대각선 위치에 두는 것이 풍수적으로 유리하다. 침대머리 방향은 예로부터 동부서빈東富西貧 남장북단南長北短이라 했다 즉, 동쪽에 머리를 두면 재물이 들어오고, 서쪽에 머리를 두면 가난해진다고 했고, 남쪽에 머리를 두면 햇살과 생기를 받아 장수하게 되고, 북쪽에 머리를 두면 죽은 사람이 누워있는 방향이라 단명한다고 했다.

거실

집이 남향이면 가장 좋은데 어쩔 수 없다면 거실이라도 남향에 배치하는 게 차선이다. 거실은 집안의 분위기를 좌우하는 가장 큰 실내 공간으로 하루종일 밝아야 하고, 원활한 공기 순환을 할 수 있어야 한다. 그런 이유로 거실은 남향이 가장 바람직하다.

부엌

건강과 직결되는 식생활 공간이므로 가능한 출입구나 화장실과는 거리를 두는 곳이 좋다. 부엌에는 바람이 잘 통하고 자연광이 들어오도록 창을 배치하는 것이 중요한 포인트이다. 채광과 통풍 등을 고려하면 부엌은 동쪽이나 남동쪽에 두는 것이 가장 좋다. 특히 부엌은 서로 상극인 물과 불을 사용하는 공간이므로 이를 순화하기 위한 꽃 등의 식물을 두는 것이 좋다.

화장실

화장실 또한 환기가 잘 되는 위치가 좋으며 출입문과 마주보는 자리는 피한다. 출입문을 통해 외부에서 들어오는 좋은 기운이 곧 바로 화장실로 빠져나가는 일을 막기 위함이다. 또한 화장실의 변기 커버는 항상 닫아 두고 실내 그 어느 공간보다 깨끗하고 쾌적한 공간으로 만들어야 한다. 조명도 밝아야 한다.

마당

마당은 집의 앞쪽에 있어야 한다. 이는 집으로 들어오는 기의 흐름을 돕고, 집안으로 긍정적인 에너지를 끌어들이는 역할을 하기 때문이다. 마당은 넓고 개방적이어야 한다. 넓은 공간은 기가 모이고 순환하는 데 도움이 되기 때문이다. 그러나 마당이 너무 협소해 답답하면 기의 흐름을 방해할 수 있으므로 유념해야 한다. 마당 역시 정사각형 모양이 기의 순환에 가장 좋으며, 집의 외벽을 넘어서는 높이가 큰 나무는 좋지 않다.

담장

담장은 집을 보호하고, 집안으로 들어오는 기의 흐름을 조절하는 중요한 역할을 한다. 담장은 외부로부터의 부정적인 영향을 차단하고, 집안의 긍정적인 에너지를 보존하는 방어선 역할도 한다. 그러므로 올바르게 설계된 담장은 집안의 풍수에 긍정적인 영향을 준다. 집터에서 담장은 좌청룡, 우백호에 해당하는 것으로 단독주택이라면 설치하는 게 바람직하다. 그러나 집터의 크기나 집의 높이 등을 고려하여 적당한 높이로 하여야 한다. 담장의 높이가 지나치게 높고 그 위용이 압도적이라면 오히려 외부와 단절시키고 기를 막아버리는 역효과를 가져오므로 주의해야 한다.

조경

조선시대 실학자 홍만선洪萬選(1634~1715년)은 그의 저서 《산림경제山林經濟》를 통해 집에 나무를 심는 위치와 수종, 나무의 높이와 크기를 잘 선택하면 이롭고, 잘못하면 해롭기 때문에 주의해야 한다고 알려준 바가 있다. 그에 따르면 집터의 부족함을 나무가 채워줄 수 있는데 마당의 동쪽에는 버드나무를, 서쪽에는 대추나무가 좋으며, 집 뒤로는 느릅나무를 심고 서쪽 언덕으로 푸른 대나무를 심으면 재운이 좋아진다고 밝혔다. 하지만 집터 동쪽으로 살구나무, 서쪽으로 버드나무, 복숭아나무, 북쪽으로 오얏나무는 흉하므로 심지 말고 대문 밖에도 늘어진 커다란 버드나무도 병을 가져올 수 있으므로 없어야 한다고 했다. 또한 집안의 모든 나무들은 집을 향하고, 건물과 너무 붙어있지 않아야 하며 특히 마당 한가운데에 나무를 심는 일은 피하는 것이 좋다고 하였다. 집안에 심기에 적합한 나무들로는 소나무, 매화, 대나무, 동백, 소철, 유자. 단풍, 석류, 화양목, 모란, 작약, 철쭉 등이다.

🐢 **재물운을 끌어당기는 마법의 주문**

생기있는 터의 집에서 살면 좋은 기운을 받아 긍정적인 사람이 된다. 좋은 기운이 없는 터라면 이사를 가든지 좋은 조건으로 비방을 하면 된다.

재운을 좋게 하는
가구 배치와 인테리어

재운을 좋게 하는 가구 배치와 인테리어는 생기풍수의 원칙을 따라 긍정적인 에너지(기)의 흐름을 촉진하고, 부정적인 에너지를 최소화하는 것이다. 생기풍수로 실내 인테리어를 조성하자면, 우선 마음의 안정과 심리적 편안함을 느낄 수 있는 공간을 만드는 것이 생기를 받는 포인트라고 할 수 있다.

현관 신발장

현관은 밝아야 한다. 신발이 가지런히 정리 정돈이 잘 되어 있어야 도둑이 안 든다는 옛말이 있듯이 현관은 늘 청결해야 한다. 그리고 실내 쪽으로 트여야 기의 흐름에 좋다. 현관이 어둠침침한 상태로 방치되어 있다면 밝고 온화한 느낌의 조명으로 바꾸어 주어야 생기가 들어오는 법이다. 특히 신발장은 위로 높은 것보다 옆으로 긴 모양에 천연목재로 만든 것이 좋다. 신발 색이 어두운 것은 신발장 아래쪽에, 밝은 색 신발은 위쪽에 놓도록 한다. 또한 신발장은 현관 출입문의 정면보다는 옆이 좋으며, 작은 식물을 올려놓아도 좋다.

침대

침대의 소재 역시 천연목재가 좋고, 혼자 자는 침대라도 좁고 작은 사이즈보다는 더블 이상의 크고 넓은 사이즈가 이롭다. 침대의 위치나 방향은 심리적·육체적으로 매우 중요하다. 침대 위치에 따라 침실의 공기순환, 습도, 채광 등이 모두 달라지기 때문이다. 침대 자리는 출입문과 대각선 방향이 가장 좋다. 침실 외부에서 들어오는 공기로부터 직접적인 영향에서 벗어날 수 있기 때문이다. 또한 심리적으로도 출입하는 사람이나 침대에 있는 사람 모두에게 안정감을 준다. 그리고 침대는 벽면에서 30cm 이상 간격이 있어야 좋다. 시멘트 벽의 유해한 물질과 곰팡이, 먼지 등 해로운 것들로부터 거리를 두고자 함이다. 특히 침대에 누웠을 때 사람의 머리가 창문에 너무 가까이 있으면 좋지 않다. 외부의 찬바람 또는 뜨거운 공기로부터 직접 영향을 받게 되면 건강에 나쁘다. 만약 침대 머리를 다른 방향으로 바꿀 방법이 없다면 침대 머리와 창문 사이에 적당한 크기의 가구를 놓아 비보하면 좋다. 침대의 소재는 목재가 건강에도 풍수적으로도 가장 바람직하다.

옷장

생기풍수에서 공간과 가구의 배치가 거주자의 재운에 중요한 영향을 미칠 수 있다. 옷장 같은 가구 역시 이러한 원리에 따라 배치하면 재운을 좋게 하는 데 도움이 될 수 있다. 옷장을 올바르게 배치하고 관리하는 것은 긍정적인 기의 흐름을 촉진하고, 부정적인 기를 줄여 재운을 개선할 수 있기 때문이다. 옷장의 소재도 천연 목재가 좋으며 통풍이 잘 되는 곳이 좋다. 특히 옷장 안을 빽빽하게 채워 넣거나, 옷장 위와 천장 사이를 박스나 물건으로 채워 넣지 않아야 한다. 이는 실내 공기의 흐름을 막고 옷장과 물건들로 막힌 벽에 습기가 머물러 곰팡이가 생기며 건강에 좋지 않다.

거울

생기풍수에서 거울은 매우 중요한 요소로, 올바르게 사용하면 긍정적인 에너지를 불러올 수 있지만, 잘못 사용하면 부정적인 영향을 미칠 수 있다.

거울을 올바르게 사용하는 방법으로는 거울은 기를 반사시킬 수 있는 능력이 있으므로, 집안에서 기의 흐름을 조절하는 데 사용할 수 있다. 예를 들어 좁은 공간을 넓어 보이게 하는 데 효과적이다. 이는 기가 더 자유롭게 흐르게 하여 긍정적인 에너지를 증가시키는 효과가 있다.

거울을 잘못 배치하면, 기를 부적절하게 반사시켜 부정적인 영향을 미칠 수 있다. 예를 들어 침대 정면에 있는 거울은 잠을 방해하며, 문이나 창을 향한 거울은 기가 집 밖으로 흘러 나가게 할 수 있다.

따라서 거울을 사용할 때는 그 위치와 방향을 신중하게 선택해야 하며 직사각형보다는 세로로 긴 타원형의 거울이 좋다. 실내에서 햇빛과 마주보게 놓고 출입문이나 창문과 일직선에 위치하는 곳에는 두지 않는 것이 좋다.

부엌 식기

양념통들과 식기는 따로 분리해서 수납하고, 식기는 가능한 고급으로 사용한다. 좋은 식기를 사용하면 품위가 올라가며 운이 좋아지는 효과가 있기 때문이다. 식기의 크기나 색상은 다양한 것보다는 용도나 종류별로 구분하여 사용하면 좋고 사용 후 항상 건조하고 청결한 상태로 유지·관리하여야 한다. 특히 그릇 수납 시에는 물기를 제거한다고 뒤집어 놓는 데 이는 풍수적으로 복을 버리는 형상이다. 때문에 물기가 마른 다음엔 뒤집어 놓았던 식기들은 반듯하게 돌려놓도록 한다.

냉장고

냉장고는 크기와 기능, 성능도 복잡하고 다양하다. 풍수지리에서 냉장고는 부엌의 중요한 구성 요소로 볼 수 있으며 가정의 번영을 상징하고, 건강과 풍요로움을 유지하는 데 도움이 될 수 있다.

냉장고 안은 늘 깔끔하고 잘 정리된 상태를 유지해야 한다. 부패한 음식이나 유통 기한이 지난 식품은 즉시 폐기한다. 오래된 식품은 부정적인 에너지를 가져올 수 있으므로, 신선한 식품으로 냉장고를 자주 채우는 것이 좋다.

냉장고 위치는 부엌 내에서 적절한 위치에 있어야 한다. 냉장고는 '불'의 요소를 상징하는 요리로부터 멀리 두어야 한다. '불'과 '물'이 너무 가깝게 위치하면, 그 둘 사이의 에너지 균형이 깨질 수 있기 때문이다.

냉장고 문이 열릴 때 방향도 중요하다. 일반적으로 냉장고 문이 중앙을 향해 열리는 것이 가장 이상적인데 이는 기의 흐름을 도와주고, 부엌의 에너지 균형을 유지하는 데 좋다.

밝은 색상이 좋으나 지나치게 반짝이며 광택이 나는 것은 피한다. 냉장고의 바람직한 위치는 주방, 부엌으로부터 가깝고 온도 차이가 심하지 않아야 한다. 이처럼 생기풍수를 통해 냉장고와 부엌을 관리하는 것은 가정의 건강과 행복을 증진하는 데 중요하다.

소파

거실의 소파 위치는 실내 분위기와 공기 흐름에 중요하게 작용한다. 집안의 전체 실내공간을 지배할 수 있는 곳으로 집안 전체를 한눈에 볼 수 있는 곳에 두도록 한다. 다음으로 소파는 벽을 등지게 놓는다. 이는 배산임수 효과를 위함이며 외부공기를 직접 받는 현관문과 마주보는 위치는 피한다. 또한 창문을 등지는 곳도 소파 위치로는 좋지 않다. 소파의 재질은 가죽보다 천이 더 좋다. 거실 크기에 비해 지나치게 크고 어두워 보이는 것도 좋지 않다.

책상

방의 실내 공간 활용도 때문에 대부분 책상은 벽을 바라보고 있는데 이보다 벽을 등지고 앉도록 배치하는 게 풍수적으로 더 유리하다. 이는 뒤편의 벽이 마치 집터 뒤에 있는 산과 같은 역할을 하게 만들어 심리적으로도 안정감을 주며 건강에도 좋다. 또한 출입문을 등지고 앉는 책상 배치는 피하고 책상에서 눈을 들면 출입문은 물론 실내 공간 전체를 확인할 수 있는 곳이 좋다. 특히 출입문과 창문이 일직선이 되는 곳, 창문을 등지거나 창문 바로 옆은 책상의 위치로 불리하다. 이런 곳에 책상이 있으면 집중력이 떨어지며 건강에도 좋지 않다. 만약 어쩔 수 없이 창문을 등지고 책상에 앉아야 한다면 창가에 화분 등을 놓아 비보를 하는 방법이 있다.

🦉 재물운을 끌어당기는 마법의 주문

살면서 생기가 들어오는 공간과 환경을 만드는 것은 매우 중요하다.
생기가 들어오는 현관부터 밝고 깨끗해야 좋은 운을 불러 올 수 있다.

죽은 조상들의 공간
묏자리가 왜 중요한가

생기풍수에서는 조상의 묘가 좋은 땅에 모셔져 좋은 생기를 받는다면, 그 혜택이 후손에게까지 이어져 가족의 운명과 번창에 생기발복을 받아 긍정적인 영향을 미친다고 본다. 이는 '지기地氣'라고 불리는 땅의 기운이 조상에게서 후손으로 전해지며, 가족의 건강, 재산, 사회적 성공 등에 영향을 주기 때문이다.

조상들의 묘지를 소중히 여기는 것은 전통문화와 유교문화에서 찾아 볼 수 있다. 우리나라는 조상들의 묘지를 특히 중요하게 생각하는데, 이는 조상의 묏자리가 가문이나 가족의 운명과 연결되어 있다는 믿음 때문이다. 즉 생기발복의 기운을 자손이 받는다는 전통적인 신념이 있었기 때문이다.

이외에도 선대들의 묘지를 잘 관리하는 것은 그들에 대한 감사와 존경의 표시로 조상의 희생과 기여를 인정하고, 그들이 우리의 삶에 미친 긍정적인 영향을 기억하고자 함이다.

또한 조상들의 묘지를 중요하게 여기는 이유 중 하나는 그들의 가호를 받을 수 있다고 믿기 때문이다. 조상들의 영혼이 우리를 지켜주고, 우리 삶에 긍정적인 영향을 미칠 것이라고 생각한다. 조상들의 묘지는 자자손손 가문의 역사와 전통, 그리고 후손들의 삶과 운명에 중요한 역할을 하는 공간으로 여기는 것이다.

일전에 현 야당 대표의 조상 묘가 부분적으로 파헤쳐진 일로 한동안 나라가 시끄러웠던 적이 있었다. 누군가 몰래 야당 대표 조상의 묘를 여러 군데 구멍을 내고 훼손한 일이 벌어진 것이다. 이를 두고 야당 지지자들은 누군가 야당 대표에게 악의적인 목적으로 벌인 짓이라며 범인을 찾아서 엄벌해야 한다고 목소리를 높였다. 그러나 이후 반전이 벌어졌다.

오히려 야당 대표에게 좋은 기운을 불어넣기 위해 야당 지지자들이 벌인 소동으로 밝혀진 것이다. 한바탕 해프닝으로 넘어가고 말았지만 대체 무엇 때문에 몰래 묘까지 파헤친 것일까? 과연 조상의 묘는 그 후손들에게 어떤 영향을 주는 것일까?

풍수로 보면 조상들의 묏자리를 잘 써야 하는데, 이는 동기감응同氣感應에 의한 발복發福, 흉기감응凶氣感應에 따른 발화發禍 현상 때문이다.

동기감응은 풍수이론의 기본 본질이라고 할 수 있다. 땅속을 돌아다니는 생기生氣를 사람이 접해 복을 얻고 화를 피하자는 것이며, 사람의 몸속에 흐르는 혈관에 영양분과 혈액과 산소가 운반되는 것처럼 땅에도 사람의 혈관처럼 수많은 땅의 기운이 흐르며 그 영향을 받는다는 이론이다. 즉 산 사람은 산 사람 대로, 죽은 사람은 죽은 사람대로 땅의 기운을 받고 사는 것이다. 특히 죽은 사람은 땅속에서 직접 생기를 받아들이기에 산 사람보다 죽은 망자亡者가 얻는 생기가 더 크고 확실하다고 보고 죽은 망자가 얻는 생기가 후손에게 그대로 이어진다고 여기고 있으며, 이를 동기감응 또는 친자감응, 생기감응生氣感應이라고 한다.

현대과학으로 입증되지 않은 예들이 많은데 수원백씨水原白氏 선조를 보면 알 수 있다

평택 안중에 사는 수원백씨들은 태어나는 아이들마다 머리에 흰머리가 점처럼 박혀 태어났다. 이런 특이한 유전을 두고 원인을 알 수 없어 궁금해 하였다. 그러던 중에 도시개발에 밀려 백 씨의 선영을 다른 곳으로 옮길 때 일이다. 조상의 한 묘를 팠더니, 시신의 머리 뒤쪽이 닿는 부분에 흰 차돌이 박혀 있었다. 장사를 지낼 때에 머리 부위에 박힌 차돌을 미처 파내지 못한 것이다. 후손들은 그 차돌을 보고, 자기들의 머리 뒤통수에 박힌 흰 점의 원인을 알아차렸다. 묘를 이장한 다음부터는 후손 중에 흰 점박이 아이는 태어나지 않았다고 한다.

현대의 과학 문명으로 보면 말도 안 되는 이야기라고 할 수 있

다. 생기감응이 일어난 것이기 때문이다. 이런 현상은 과학적으로 이해하기는 힘든 일이다. 하지만 이런 일과 같이 많은 사람들이 경험하고 있다는 사실을 볼 때 생기감응은 과학으로 증명되지는 않았지만, 통계로 보는 실증 과학으로 봐야 한다. 사실 우주에서 일어나는 일들을 과학으로 밝혀낸 것은 4퍼센트밖에 안 되는 미미한 것이다. 이렇듯 생기감응은 조상을 모신 조상 묘의 땅의 기운을 그대로 후손들이 감응을 받는다는 뜻이다. 즉, 땅에 조상을 모실 때, 조상의 관 하관 시 칠성판七星板(관 속 바닥에 까는 얇은 널조각)이 땅에 닿는 순간부터 후손들에게 생기감응을 주기 시작한다. 이를 과학적으로 분석하는 데는 한계가 있지만 현장에서 수많은 학습과 통계와 데이터로 본 결과 하관 후 후손을 L로드나 펜듈럼(수맥추)으로 진단을 해 보면 터의 생기를 알 수 있다.

그럼 생기 없는 흉지 터에 모시면 어떨까? 끔찍한 일이지만 흉기감응이 된다. 조상의 유골이 좋은 환경에 있으면 좋은 기를 발산하여 자손이 좋은 기를 받게 된다. 반면 나쁜 환경에 있으면 나쁜 기를 발산하여 자손이 나쁜 기를 받는다. 이 동기감응을 받아들이는 속도와 용량은 어릴수록 강하고 나이가 들수록 약하다.

실제 동기감응을 과학적으로 증명하기란 어려운 일이지만 조상의 사령死靈이 자신의 존재 상태를 꿈을 통해 자손에게 알리기도 한다. 사례를 보면 흉지에 조상의 묏자리를 쓴 경우 조상에 관한 꿈들은 다음과 같이 나타난다.

- 조상이 물에 젖은 긴 머리를 풀어헤친 모습으로 나타난다.
- 초췌한 몰골로 나타나 '춥다'고 말한다.
- 배고프다고 한다.
- 노한 모습으로 꾸짖는다.
- 물품을 요구한다.

그런데 이러한 꿈은 단순히 꿈으로만 끝나는 게 아니라는 점이 문제가 된다. 조상들에 관한 좋지 않은 꿈을 꾸고 나면 꿈을 꾼 사람의 몸이 아프고, 집안에 환자가 발생하거나, 갑자기 사업에 어려움을 겪게 되며 예상치 못한 사고 등 갖가지 우환들이 생기게 되는 일이 많다.

이렇듯 조상들의 묏자리, 음택陰宅이 풍수에서 차지하는 비중은 절대적이다.

묏자리 제대로 쓰면 자식
손자 대박 난다

　풍수지리에서 '명당'는 좋은 풍수를 가진 곳 즉, 혈 자리를 말한다. 이는 주변 환경과 자연의 힘을 최대한 활용하여 긍정적인 생기 에너지를 유지하고, 부정적인 에너지를 피하는 것을 말한다.

　생기풍수에서 '기'의 흐름은 매우 중요하다. 조상의 묏자리가 좋은 '생기'의 흐름을 가지고 있으면 이는 자연스럽게 후손에게 전달되어 긍정적인 영향을 받기 때문이다. '생기'는 삶의 긍정 에너지로 이러한 에너지의 흐름이 원활하면 건강, 행운, 재물 등에 좋은 영향을 줄 수 있다.

　양택 명당자리를 잘 활용하면, 그 곳에 사는 사람들은 활력 넘치는 에너지인 생기를 느낄 수 있고, 그 결과 건강과 행운, 번영을 누릴 수 있으며 앞날에 큰 도움이 된다.

　음택 묏자리도 비슷한 논리로 적용이 된다. 묏자리가 좋으면, 그

곳에 묻힌 분이 평온해지고, 그로 인해 그 자손들에게 좋은 생기발복의 기운이 가득하여 건강과 성공을 도와주는 좋은 운이 작용하게 된다.

그러나 이러한 풍수지리의 이치는 단순히 물리적인 환경에만 국한되는 것이 아니라 우리의 평소 마음가짐과 언행까지도 중요한 작용을 한다. 지리적인 환경과 함께 내면적인 요소들이 조화롭게 어우러져야 진정한 생기를 받아 운명을 바꿀 수 있게 되기 때문이다.

따라서 자신의 행동과 생각을 긍정적으로 개선하면서, 주변 환경을 풍수에 맞도록 적절한 비방을 하고 관리하는 것이 중요하다. 이렇게 함으로써 명당발복을 받아, 자손들이 번창하고 대박이 날수 있는 대운을 만드는 것이다.

우리가 살고 있는 집터를 양택이라 하고, 죽으면 묻히는 묘지를 음택이라고 한다. 요즈음 사람들은 내가 살고 있는 좋은 집터나 풍수에 좋은 인테리어에만 신경을 쓰고 있으나 그것은 큰 잘못이다.

그럼 조상을 어디에 모셔야 할까?

살아 계실 때는 할아버지, 할머니, 아버지, 어머니이지만, 돌아가시면 영가靈駕가 되는 것이다. 돌아가시고 장례를 치르고 어느 날 갑자기 그 방에 들어가면 무섭기도 하고 섬뜩한 느낌을 주기도 한다. 사람은 죽으면 영혼과 육체가 분리되어 영혼은 하늘로 올라가고 육체는 땅에 묻히게 된다. 사람은 영혼이 존재하는 영물이기에 사후死後에도 어떤 영향력을 행사한다. 그러기 때문에 사람이 죽으면 좋은 곳에 묻히려고 하는 것이며, 명문가문이나 고관대작의 집안, 돈 많은 부자들은 애써 명당자리를 찾아 조상을 모시려고 하는 것이다.

조상은 반드시 편안하게 영면할 수 있는 명당 혈 자리에 묻어 드리고 조상이 자손들의 모든 일에 간섭하지 않게 해드려야 자손들이 하는 일마다 술술 풀리는 것이다. 이것이 진정한 생기풍수의 진리이다.

이때 중요한 것이 좋은 묏자리를 쓴다고 묏자리를 산세와 물 방향 등과 같이 좌향만 보고 결정하면 큰 실수를 할 수 있다는 점이다. 전국을 다니면서 명당 묏자리를 진단하면서 느낀 게 많다. 지금 좋다고 하는 묘지들은 대부분 풍수 전문가들이 방향을 잡고 산세를 보고 나름대로 결정한 묏자리일 것이다. 그런데 직접 그 묏자리를 찾아 살펴보면 너무나 한심스러운 경우가 많았다. 명당 혈穴자리가 조상의 묘 즉, 망자의 배꼽에 있어야 하는데 명당 혈 자리를 묘 옆에 두거나 혹은 묘 앞에 두는 등 엉뚱한 곳에 묘를 쓴 경우가 많았기 때문이다.

돌아가신 조상들을 좋은 명당 터에 모시고 정성을 다하는 것도 후손들이 건강하고 윤택한 삶을 위한 것이다. 그런데 산세와 주변 입지만 보고 명당 터로 단정 짓고 그 터의 적당한 곳을 골라 조상의 묘를 쓴다면 이는 사기에 가까운 짓이다. 그런 풍수가들은 각성하고 더 많이 공부해야 한다.

아울러 요즈음 후손들이 조상 묘를 관리하는 걸 보면 염려가 된다. 장차 지금 커가고 있는 손자나 손녀들 세대에는 조상 묘 관리를 소홀히 하거나 아예 관리를 하지 않을 지도 모른다. 제사를 모시고 조상 묘를 관리하는 일보다는 편리함을 우선시하는 요즘의 시대적 분위기 때문에 장례문화葬禮文化도 다양해지고 있다.

화장火葬을 해서 납골당納骨堂에 모시기도 하고, 산골散骨하기도 하지만, 화장한 뼛가루도 반드시 명당 혈 자리를 찾아서 모셔드려야 한다. 그래야만 그 후손이 생기감응을 받고 명당자손으로 조상 복을 받게 됨을 알아야 한다.

또 편하게 관리하려고 여기저기 흩어진 조상 묘를 파내어 한 군데로 모으려는 작업을 하기도 한다. 전국을 다니면서 고속도로변이나 국도 주위를 살펴보면 횡렬로 쓰여진 묘지들을 많이 보게 된다. 그냥 보기엔 좋고 예쁘게 만들었지만 이는 정말 무지하고 무식한 행동이다. 명당 혈은 산맥(용맥)을 따라 산 위에서 산 아래로 내려오면서 존재한다. 그런 사실을 모르고 옆으로 묘지를 쓰는 것은 풍수를 한 것이 아니라 풍수를 파괴한 것이다.

외양과 경광景光만 좋으면 그 자리가 명당자리라고 함부로 남의 조상 묘를 모셔드리면 될까? 흉기 터나 수맥이 흐르는 터라도 좌향만 좋으면 생기 있는 땅으로 변할까? 절대 아니다. 명당 터는 확실한 혈 자리(좋은 기가 나오는 곳)가 있는 명당자리를 말한다. 이렇듯 생기풍수에서는 명당 터를 혈 자리 유무를 가지고 절대적으로 판단한다.

즉, 조상을 모실 때 묘지나 추모공간은 '기'의 흐름이 좋은 곳에 위치해야 한다. 이는 자연스러운 환경 속에서 기가 원활하게 흐르는 곳을 의미하며 너무 바람이 많이 부는 곳이나 기운이 정체되는 곳은 피하는 것이 좋다. 또한, 반드시 음택(묏자리)의 납골당이나 조상의 묏자리 수맥은 차단해야 한다. 생기풍수적 요소 외에도, 가족 구성원이 조상을 편하게 찾아뵐 수 있는 위치를 고려하는 것도 중요하다. 조상을 모시는 납골 공간이나 묘지는 가족에게 정신적인 위안을 주고 연결감을 제공하므로 접근성 또한 중요하다. 따라서 조상을 모시는 위치를 결정할 때는 풍수지리적 원칙과 가족의 편의를 모두 고려해야 하며, 필요한 경우 풍수지리 전문가의 도움을 받는 것도 좋은 방법 중 하나이다.

고위관직에 있으면서 명예와 돈을 가진 사람들이 왜 명당자리를 찾을까? 묏자리는 조상들의 안식처일 뿐만 아니라, 후손들에게 생기발복의 영향을 미치는 기운을 전달하는 중요한 공간이기에 그렇다. 그러면 왜 조상 묘를 이장할까?

- 1995년 김대중 후보는 부모님 묘를 하의도에서 용인으로 이장하고 2년 뒤인 1997년 대통령에 당선되었다.
- 2001년 김종필 총재는 부모님 묘를 예산에서 부여로 옮겼다.
- 2001년 한화갑 총재 역시 부모님 묘를 목포 하당에서 예산으로

이장했다.

– 2004년 이회창 총재는 대선 패배 직후 부친의 묘를 예산 읍내에서 신양면 녹문리로 옮겼다.

– 2004년 이인제 의원 역시 모친 묘를 같은 선영 내에서 200m 떨어진 건너편 산으로 이장했다.

– 2007년 정동영 의원 역시 순창에 있는 부모님 묘를 새롭게 꾸몄다.

이렇게 이장을 해서라도 명당 묏자리를 찾으려는 유명 정치인들의 사례는 이외에도 많이 있다. 그러나 반드시 조상의 묘 이장을 통해 명당을 찾고 전부 성공했던 것은 아니다. 위의 예에서도 보듯이 그동안 우리나라 정치인 중 이장 후 고 김대중 대통령만 성공했다고 볼 수 있다. 나머지 다른 분들은 조상 묘를 이장했어도 그 전 묏자리보다 못하거나 비슷했던 것이다.

중국의 시진핑 주석도 아버지 묘를 이장했다. 사회주의 마르크스주의 관점에서 풍수는 분명 미신으로 본다. 1921년 7월 중국 공산당을 창당한 천두슈의 풍수관에서 잘 드러난다. 그는 '청년에게 드리는 글'에서 '중국 지식인들이 과학을 모르고 음양오행설에 빠져 땅 기운 운운하는 풍수설로 혹세무민惑世誣民한다'고 비판한 바가 있다. 그러나 시진핑은 2005년, 아버지 시중쉰 묘를 베이징에서 시안 푸핑현의 길지로 이장했다.

이처럼 대단한 권세가들도 이장을 하면서까지 줄기차게 명당 터를 찾고 있다.

그러면 조상의 산소 터를 어디에 모시는 것이 좋을까? 사람이 사는 양택(집터)이나 죽은 분이 묻히는 음택(묘 터)은 같은 맥락으로 이해하면 된다. 즉, 양택과 음택을 보면 방향도 중요하지만, 지세地勢가 더 중요하다.

뒷산인 주봉이 의젓하면 가문이 좋다. 좌측 산, 좌청룡이 세차게 뻗어 내려와 안아주는 모습이면 남자들이 잘되고 가정을 잘 보살핀다. 반대로 좌청룡이 약하면 남자들이 허약하거나 단명하고, 끝이 바깥쪽으로 뻗어 있으면 외도가 심하거나 집안일을 등한시하게 된다. 오른쪽으로 산, 우백호가 아름답고 힘차게 뻗어 내리면서 안으로 굽어져 껴안아 주는 지세이면 부인이 건강하고 내조를 잘하게 된다. 반대로 우백호가 외부로 뻗어나갔다면 여자들이 치맛바람을 일으키고 이혼하는 사례도 많이 생긴다.

또한, 앞에 냇물이 흘러가는 모습이면 좋고, 앞산案山이 한일자一봉이든지 복잡하지 않고 아름다운 능선이면 좋다. 그 능선 넘어 또 다른 형상의 산봉이 보인다면, 크게는 사기를 당하든가 도적을 맞는 경우가 생기기도 한다.

이러한 입지환경 조건도 중요하지만, 토색과 토질도 중요하다. 다음은 명당에 해당하는 조건을 정리한 것이다.

생땅이 좋다. 낮은 곳을 메운 부토는 좋지 않다.

생기풍수에서는 '생땅'이 좋다. 이는 땅이 자연스럽게 형성되고 생명력이 넘치는 상태를 말한다. 생땅은 자연 그대로의 형태를 유지하며, 여기서 발산되는 생명력과 기가 풍부하여 거주하는 사람들에게 긍정적인 영향을 미치기 때문이다. 이러한 땅은 건강, 번영, 행복 등을 증진시키는 힘이 있다.

반면, 낮은 곳을 인위적으로 메워서 만든 부토塡土는 좋지 않다. 이러한 부토는 자연이 아닌 인간의 손으로 만들어진 땅이므로, 자연스러운 기의 흐름이 방해받고, 생기가 약해질 수 있다. 생기풍수에서는 땅의 기운과 형태가 주거나 건물에 큰 영향을 미치며, 인위적으로 변형된 땅은 그 자연스러운 조화와 균형을 해칠 수 있다. 부토를 통해 낮은 곳을 메우는 행위는 땅의 자연스러운 기운을 약화시킬 뿐만 아니라, 물의 흐름을 방해하고 환경적 문제를 일으킬 수 있으며, 결국 기의 순환도 원활하지 않게 되어 그 지역의 생기가 감소하게 된다.

묘지 터를 파 내려가는데, 암반이나 큰 돌이 없어야 한다. 암반이나 큰 돌이 나오면 장소를 옮겨야 한다.

묘지 터를 파 내려갈 때 암반이나 큰 돌이 나오지 않아야 한다. 땅속 깊은 곳에서 암반이나 큰 돌이 있다면, 그 지역의 기운이 원활하게 흐르지 못하고 기가 막히게 된다. 기의 흐름이 방해받아 묏자리가 위치한 곳의 기운이 안정적이지 않게 되어 기에 부정적인 영향을 미칠 수 있기 때문이다.

물을 부어도 고이지 않고 금방 스며 들어가는 마사와 같은 토질이 좋다.

마사와 같은 토질은 우수한 수분 조절 능력을 가지고 있다. 물을 부었을 때 고이지 않고 바로 스며드는 성질은 물 빠짐이 좋음을 의미하며, 이는 토양 내 과도한 수분으로 인한 문제를 예방한다. 과도한 수분은 토양의 통기성을 저하시키고, 뿌리 부패와 같은 문제를 일으킬 수 있으므로 마사와 같은 토질은 묘지에 안정적인 환경 조건이다.

잡석이 많으면 바람이 통하여 좋지 않다. 이런 경우 유골이 불에 탄 것처럼 검어지고 후손 중에 정신질환을 일으키는 경우가 많다.

잡석이 많은 땅은 생기풍수에서는 '기'의 흐름이 원활하지 않다고 본다. 바람이 통하는 것은 기의 순환에 장애가 되어, 땅에 긍정적인 생기를 담기 어렵게 만든다. 이러한 환경은 묘지에 부적합하고 이는 후손에게도 부정적인 영향을 미친다. 생기풍수에서는 잡석이 많은 묏자리가 유골에도 영향을 미치는데, 유골이 검게 변하는 현상을 불길한 징조로 본다. 이러한 변화는 묏자리의 부적절한 기의 흐름이 조상과 후손 사이의 영적, 에너지적 연결에 부정적인 영향을 미치기 때문이다.

또한 이러한 부정적인 기의 흐름과 환경은 후손의 정신 건강에
도 영향을 미칠 수 있다. 생기풍수적 관점에서는 건강한 기의 흐름
이 인간의 신체적·정신적 건강에 필수적이기 때문이다. 이런 좋
지 않은 환경은 후손 중에 정신질환을 일으킬 가능성이 매우 높다.

수맥이 무덤 밑에 지나가 병이 들어 있는 지반에 산소를 쓰지
않는 것이 좋다.

이런 곳에 산소를 쓰면 유골이 새까매지고 잔디가 살지 못한다.
후손들은 우환에서 헤어나지 못하여 힘들게 살아가게 된다. 생기
풍수에서는 자연환경과 인간의 생활환경이 서로 상호작용하며, 이
러한 상호작용이 인간의 운명과 건강, 그리고 행운에 영향을 미친
다고 본다. 특히, 땅속을 흐르는 수맥의 위치와 방향은 매우 중요
하다. 수맥은 지하수가 흐르는 물길로, 이러한 수맥의 에너지가 지
상의 생활환경에 긍정적이거나 부정적인 영향을 주기 때문이다.

수맥이 무덤이나 집 밑을 지나가는 경우, 그 영향은 대체로 부정
적인 영향을 준다. 생기풍수에서 언급하는 부정적인 영향에는 유
골이 변색되거나, 무덤 주변의 식물이 잘 자라지 못하거나, 묘의 봉
분이 내려앉거나, 석물도 쓰러지기도 한다. 또한 이러한 부정적인
에너지는 무덤 주인의 후손들에게까지 영향을 미쳐, 그들의 삶에
우환과 어려움을 가져올 수 있다. 따라서 생기풍수에서는 무덤이
나 주거지를 선택할 때 수맥의 위치를 신중하게 생각해야 한다. 무
덤에 수맥의 에너지가 무덤이나 집에 영향을 미치지 않도록 비방

을 해야 한다.

능선 위에는 산소를 쓰지 않는다. 능선 위에 산소를 썼다면, 후손이 구름잡이가 되어 허영기 때문에 망한다.

능선 위에 묘를 쓴다면, 이는 후손들이 '구름잡이'가 되어 허영심이 많고 실질적인 성과 없이 망할 가능성이 커진다. '구름잡이'라는 표현은 실체가 없는 것을 추구하고, 현실적인 목표나 성취 없이 허망한 꿈에 집착하는 모습을 빗대어 말하는 것으로, 이는 후손이 현실감 없는 큰 꿈을 좇다가 결국 실패하고 망할 수 있다는 것이다.

생기풍수에서 묏자리를 선택할 때 '배산임수背山臨水'의 원칙을 따르는 것이 기본으로 즉, 뒤에는 산이 있어 '기'를 받쳐주고, 앞에는 물이 흐르며 '기'를 모으고 순환시키는 위치를 말한다. 이러한 위치는 안정적인 '기'의 흐름을 가진다. 생기풍수는 단지 땅의 형태와 위치만을 고려하는 것이 아니라, 자연과 인간의 조화로운 삶을 추구하는 학문으로 묏자리를 선택할 때 후손들에게 긍정적인 영향을 끼칠 수 있는 위치를 선택하도록 하는 것이다.

묏자리 근처에 아카시아 나무가 있으면 피해야 한다. 나무 뿌리가 묘소에 들어가면 좋지 않다. 특히 아카시아 나무 뿌리가 들어가면 그 후손은 잦은 질병에 허덕이게 되고 파산하는 화를 당하게 된다.

아카시아 나무는 번식력이 강하고 확장성이 높은 뿌리를 가지고 있어, 주변의 다른 식물들이나 구조물에 영향을 준다. 뿌리가 묘소로 들어가는 경우, 이는 묘의 '기' 흐름을 방해하고, 나아가 그곳에 잠들어 있는 이의 영혼에도 좋지 않은 영향을 미칠 수 있다.

묏자리를 선택할 때는 그 주변에 있는 나무의 종류와 위치를 면밀히 검토해야 하며, 뿌리 번식력이 강한 나무는 묏자리에서 멀리 떨어진 곳에 있어야 한다.

이미 묏자리 주변에 나무가 있는 경우에는 나무의 성장을 주의 깊게 관찰하고, 필요한 경우 나무를 제거해야 한다. 예를 들어, 뿌리가 묘소로 향하지 않도록 정기적으로 가지치기를 하는 등의 관리가 필요하다. 또한 묏자리 주변에 나무를 심고자 할 때는 그 종류를 신중히 선택해야 한다. 생기풍수에서는 긍정적인 '기'를 증진시키고, 나쁜 영향을 최소화할 수 있는 식물을 심기를 권하고 있다.

묘소에 뱀이나 지렁이, 벌레들이 꾫게 되면 좋지 않다. 후손이 정신질환을 앓게 되고 각종 질환에 시달리게 된다.

묘소 주변에 뱀이나 지렁이, 벌레들이 많이 나타난다는 것은 그 묘지 부근이 습하고 수맥이 흐르는 지역으로 물을 좋아하는 동·식물이 살기 좋은 환경이기 때문이다, 즉, 생기가 방해받고 있음을 알 수 있으며 환경적인 불균형이나 부정적인 기운들이 많이 있는 것이다. 이러한 상황은 조상으로부터 긍정적인 에너지가 제대로 전달되지 않고, 오히려 부정적인 영향을 받아 후손의 건강과 운명에 악영향을 미친다. 생기풍수 전문가의 도움을 받아 묘소와 주변 환경에 대한 종합적인 분석과 조언을 받아야 한다.

　가장 중요한 것은 단순히 산수의 좋은 경치를 넘어서, 명당자리는 좌청룡, 우백호, 현무주작, 배산임수 형태를 띠고, 명당 혈자리를 찾아 모셔야 한다. 명당자리는 땅의 기운과 자연의 조화를 이루는 곳에 위치해 있다. 엘로드로 측정을 해 보면 육각형을 그리는 모형이 나온다.

　묏자리는 생기의 순환과 흐름이 원활해야 하며, 기가 너무 세게 흐르면 산만해지고, 너무 약하면 기가 모이지 않는다. 따라서 기가 적절히 흐르고 순환하는 곳을 찾는 것이 중요하다. 이렇듯 음택인 묏자리가 중요한데, 요즘엔 대부분 조상이 계신 곳은 나 몰라라 하고 있다. 상담하다 보면 큰 병과 정신분열, 빙의가 들고 잠을 못 자고, 가위 눌리는 것과 같은 원인은 상당수가 조상들의 산소를 잘못 썼기 때문에 나타난 것이다.

> 🐢 **재물운을 끌어당기는 마법의 주문**
>
> 생기를 받느냐 흉기를 받느냐는 조상의 묏자리에서 시작한다.
> 자손들이 조상의 묏자리를 파묘해서 화장하여 뿌리던지 묘를 잘 관리할지는 자손들이 할 일이다.

묏자리에 수맥이 있으면
이장이 상책이다

생기풍수에서는 묏자리의 기 흐름을 매우 중요하게 여긴다. 묏자리(음택)의 기 순환은 후손들의 건강과 재물운까지도 영향을 미칠 수 있기 때문이다. 이는 조상들의 묏자리에서 비롯되는 생기발복 기운을 그 후손들이 받는다는 이치로 이는 여러 사례들을 통해서도 확인이 가능하다. 실제로 수맥이 흐르는 묘지 때문에 그 후손들에게 우환이 생기고 다툼과 사고가 끊이지 않았는데, 묘지를 이장하고 난 후부터 집안이 평온해진 사례들이 많다. 이런 이유들로 생기풍수에서는 수맥이 있는 묏자리는 이장을 권장한다. 이장을 함으로써 더 안정적이고 긍정적인 생기를 받아 후손들이 건강과 재물운을 얻고자 하는 것이다.

명당明堂은 생기(좋은 기운)가 나오는 땅이다. 진정한 명당이 무엇인지 제대로 알지도 못하면서 풍수를 하는 분들은 반성을 해야한다. 더구나 명당은 고사하고 자칫 흉지에 묏자리를 썼다간 큰 화를 부르기도 하니 묏자리를 정할 때는 정말 신중하고 주의를 기울여야 한다. 우리나라 수맥 분야의 최고 권위자로 풍수에 큰 영향을 미친 유명한 고 임응승 신부의 사례에서도 잘못된 묏자리가 얼마나 치명적인지 일깨워준 사례가 많았다.

임응승 신부는 작은 추(펜듈럼)를 손에 쥐고 전국을 직접 찾아다니며 수맥을 탐사하고 집터와 묏자리를 잡아주었다. 때론 많은 물이 필요한 회사나 공장의 수맥을 찾아주었는데 그 정확도가 백발백중이라 주위를 놀라게 한 분이다.

그런 임응승 신부는 한 지인이 자신의 친구 모친의 묏자리를 봐달라는 요청에 묘지 터를 가보았다. 임응승 신부 눈에는 그 묏자리 땅속에 수맥이 지나가고 있는 게 보였고 앞으로 큰 화를 입을 수 있으니 빨리 다른 곳으로 이장할 것을 권했다고 한다. 그러나 당시 무척 바빴던 의뢰인 친구, 즉 장지의 후손은 훗날 이장하리라 마음먹고 일단 일본으로 출장을 떠나게 된다. 그러나 현지에 묵었던 호텔에 한밤중 큰 불이 나는 바람에 그만 일행 모두 화염에 휩싸여 돌아가시는 비극이 벌어졌다.

그런 임응승 신부도 당시 무슨 천주교 신부가 땅속의 물을 가지고 이렇다 저렇다 길흉吉凶을 점 치냐며 믿지 못할 미신이라고 시비도 많았다고 한다. 그러나 임응승 신부의 경우 돈을 벌고자 수맥을 찾아 전국을 누빈 것도 아닌, 오직 자신의 능력을 가지고 이웃의 불행을 막고자 했을뿐이다. 그렇기에 더더욱 임응승 신부께서 수맥을 피해 집터와 묏자리를 잡아 준 것을 두고 단순한 미신이나 아둔한 행위로 치부할 수 있을까?

다시 한번 강조하지만 묏자리 아래로 수맥이 흐른다면 반드시 피해야 한다. 묏자리 아래 수맥은 분명 그 위에 있는 조상 시신을 침범하고 그로 인한 나쁜 기운이 후손들에게까지 영향을 미치게 되기 때문이다. 이는 음택인 묏자리뿐 아니라 양택인 집터에도 해당하는 이치로 집터 아래로 수맥이 흐른다면 그 위에 살고 있는 산 사람에게도 해를 끼친다.

그럼 유명한 수맥의 대가이자 풍수가였던 임응승 신부는 이장을 어떻게 보았을까?

임응승 신부도 이장을 간단한 문제로 보지 않았다. 우선 가족 모두의 합의가 이뤄져야 하는 일로 이장 후 어떤 일들이 일어날지 몰라 선뜻 결정하지 못한다고 보았다. 임응승 신부도 특별히 나쁜 일이나 어쩔 수 없는 경우 외에는 가능한 이장을 좋게 여기지 않았다. 아무리 의뢰인 측에서 이장을 원해도 단정적으로 결론을 내지 않았다. 우선 이장 의뢰가 들어오면 임응승 신부는 가장 먼저 산소부터 답사했다.

특히 임응승 신부는 수맥의 최고 권위자였던 만큼 수맥을 진단하며 이장 여부를 결정하였다. 수맥이 시신에 좋지 않은 영향을 주고 그 영혼이 평안하지 못하다면 이로 인해 그 후손들에게까지 나쁜 기운을 미친다고 보았기 때문이다. 물론 천주교 신부였으니 당시 임응승 신부을 지탄하고 불신하는 이들도 많았다. 그러나 묘를 파지도 않고 수많은 묫자리에 대한 정확한 진단과 그에 대한 처방에 따라 불치병을 낫게 하는 등 놀라운 결과들로 나타났던 것이다. 임응승 신부는 다음과 같은 무덤의 경우 반드시 이장을 해야 한다고 보았다.

- 물이 꽉 차 있는 무덤
- 물은 차 있지 않았으나 간혹 물이 들락날락한 흔적이 뚜렷한 무덤
- 나무 뿌리로 뒤엉켜있는 무덤
- 수십 마리의 뱀이 우글대는 무덤
- 진딧물 같은 벌레가 잔뜩 들어 찬 무덤
- 시신이 반은 썩고 반은 그대로 있는 무덤

이장을 하고 또 화장하고 산골하는 행위는 신중을 기해야 할 일이다. 그러나 위의 예시처럼 여러분의 조상 묘가 잘못되어 있고 집안에 좋지 않은 일들이 계속된다면 어떻게 해야 할까? 여러분의 삶과 조상 묘 사이에 아무런 인과관계因果關係가 없을까? 미신이라고 치부하지 말고 한번 곰곰이 생각해 보아야 한다.

묫자리에 수맥이 흐른다면 돌아가신 조상으로부터 흉지 기운을

받아 후손들의 건강이나 운명에 악영향을 미칠 수 있다. 좋은 곳으로 이장移葬을 하는 것이 가장 확실한 해결책이겠지만, 이장이 어려운 상황에서는 수맥을 차단하는 방법이 있다. 이러한 비방은 전문가의 조언을 받아 실시하는 것이 좋다. 조상 묫자리의 수맥 문제를 해결하는 것은 단지 조상의 평안만을 위한 것이 아니라, 후손의 건강과 복지에도 긍정적인 영향을 미칠 수 있기 때문이다.

🦉 **재물운을 끌어당기는 마법의 주문**

이 세상에 밝은 빛을 보게 한 것도 부모님이기에 효를 해야 한다. 부모 자식간에 봉양하는 것은 동물과 별반 차이가 없지만, 동물과 달리 진정으로 공경하는 마음을 다하여야 효라 할 수 있다.

나쁜 묏자리 좋게 만들려면

우리가 살고 있는 집터(양택)도 중요하지만 묏자리(음택)도 매우 중요하다. 잘 쓴 묏자리로 인해 그 후손들이 발복을 받고 건강하고 풍요로운 삶을 살 수 있기 때문이다. 무엇보다 명당 묏자리는 용맥(산줄기)의 혈 자리를 찾고 주위 형세를 보고 찾아 쓰면 된다. 그러나 이런 명당 묏자리는 그동안의 경험으로 보건대 전체 묏자리 중 5퍼센트에도 못 미친다. 나머지 95퍼센트에 해당하는 대부분의 묏자리는 그저 평범하거나 때론 흉지에 있는 경우도 있다.

특히 묏자리로 쓰고자 하는 땅에 좋은 기운이 없거나 큰 수맥이나 지전류가 지나가는 곳이면 좋지 않다. 또한 성토된 땅, 큰 돌이 나오는 땅, 자갈이나 잡석이 나오는 땅도 좋지 않다.

이외에도 무덤에 물이 꽉 차 있고, 나무 뿌리로 엉켜 있거나 수십 마리 뱀이 우글대는 무덤, 진딧물 같은 벌레가 잔뜩 들어 찬 무덤. 시체가 반은 썩고 반은 그대로 있는 무덤 등은 매우 좋지 않은 흉지 터이다.

이러한 흉지 터는 좋은 묏자리로 이장을 하거나, 좋은 명당자리로 만들어 줘야 한다. 그것은 경험이 많은 풍수가만이 할 수 있는 일이다. 생기풍수에서는 조상의 묏자리가 사후에도 고인의 영혼이 편안히 머물 수 있도록 하며, 살아 있는 후손에게도 길운을 가져다 줌으로써 생기발복生氣發福을 받는다고 본다.

나쁜 묏자리로 여겨지는 곳을 좋게 만들기 위해서는 여러 방법이 있으나, 기본적으로는 자연과의 조화와 올바른 기의 흐름을 위해 생기비방을 해야 한다. 가장 근본적인 방법은 부정적인 요소를 가진 묏자리를 이장하는 것이다. 용·혈·사·수·향, 현무주작, 배산임수의 원칙에 따라, 묘는 산을 등지고 앞으로는 개방된 공간이 펼쳐지는 위치에 있어야 한다. 이장이 어려운 경우에는 주변 환경을 개선하여 부정적인 에너지를 줄이고 긍정적인 기운을 유도할 수 있어야 한다. 예를 들어, 묏자리 주변에 나무를 심어 기운을 조절하거나, 묘가 바라보는 방향에 작은 연못이나 물이 흐르는 조경을 만들어 기의 흐름을 개선할 수도 있다.

단, 수맥이 흐르거나 지전류가 흐른다면 굳이 이장할 필요는 없다. 수맥을 중화(차단)시키는 특수 광물질(일라이트, 세라이트, 제오라이트, 규소 등)로 만든 생기도자기를 수맥이 흐르는 곳에 묻으면 된다.

평범한 땅이나 흉지 터의 경우엔 묘 근처에서 육각형 모양의 용

[명당자리의 기운을 묏자리로 옮기는 방법]

혈의 혈 자리를 찾아 그곳에서 묏자리가 있는 곳까지 생기도자기를 징검다리 같이 놓아 명당자리의 기운을 묏자리로 옮겨주는 방법이 있다. 이를테면 근처 명당 혈 자리에서 나오는 생기를 일종의 점프를 시켜주는 이치이다. 그러면 원래 혈 자리가 있었던 그 명당자리는 평범한 자리가 되고, 좋지 않았던 묏자리가 명당자리가 되는 것이다. 이렇게 처방하면 명당기운을 받아 생기감응이 이뤄져 후손들이 발복을 받아 건강하고 재물을 모을 수 있다.

당신이 입을 수 있는 가장 아름다운 것은 자신감이다.
– 블레이크 라이블리(세계적인 패셔니스트, 미국 영화배우)

생기풍수를 신뢰할 만한 이유는 무엇일까?

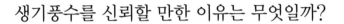

생기풍수에 대한 신뢰는 주로 그것이 가지고 있는 전통적인 가치와 실제 경험을 통한 개인적인 인식에 기반합니다. 생기풍수는 수천 년 동안 동양에서 발전해 온 지혜의 집합체로, 자연과 인간 사이의 조화로운 관계를 추구합니다. 그 이유를 몇 가지 측면에서 살펴보겠습니다.

전통과 역사

생기풍수는 오랜 역사를 가진 전통적인 지식 체계로, 수세기에 걸쳐 동아시아 문화권에서 발전해 왔습니다. 이러한 긴 역사는 다양한 사회와 시대에 걸쳐 사람들이 생기풍수 원칙을 실제 생활에 적용하고 긍정적인 결과를 경험했다는 것을 의미합니다. 전통적인 지혜와 실천이 시간을 거치며 계승된 것 자체가 생기풍수에 대한 신뢰의 근거가 될 수 있습니다.

자연과의 조화

생기풍수는 자연과 인간이 조화롭게 공존해야 한다는 기본적인 원칙을 가지고 있습니다. 이는 현대 사회에서도 여전히 중요한 가치로, 환경적 지속가능성과 건강한 생활 방식을 추구하는 현대인들에게 호소력이 있습니다. 자연을 존중하고 그것과 조화를 이루려는 노력은 생기풍수가 제공하는 중요한 교훈입니다.

실제 경험과 개인적인 인식

많은 사람들이 생기풍수 원칙을 적용한 후 자신의 삶에서 긍정적인 변화를 경험했다고 보고합니다. 이러한 개인적인 경험들은 생기풍수에 대한 신뢰를 강화하는 중요한 요소입니다. 물론, 이러한 경험은 주관적일 수 있으며 과학적 검증의 대상이 되기 어려울 수 있지만, 실제로 삶의 질이 개선되었다고 느끼는 사람들에게는 매우 의미 있는 근거가 됩니다.

공간의 효율적인 사용

생기풍수는 공간을 보다 효율적으로 사용하고, 거주자의 건강과 행복을 증진시키는 방법을 제공합니다. 공간 배치와 디자인이 인간의 심리적·신체적 안녕에 영향을 미친다는 현대의 인식과도 부합합니다. 이는 생기풍수가 실제로 유용한 원칙을 제공할 수 있다는 것을 의미합니다.

종합적으로 볼 때, 생기풍수에 대한 신뢰는 그것이 가지고 있는 오랜 역사, 자연과의 조화를 추구하는 철학, 개인적인 긍정적 경험, 그리고 공간의 효율적인 사용에 대한 지침에서 비롯됩니다. 그러나 과학적 검증과는 별개로, 생기풍수에 대한 신뢰와 가치는 주로 개인적인 믿음과 경험에 의해 좌우되는 경향이 있습니다.

생기풍수가 가지고 있는 전통적 가치와 실제 경험을 통한 개인적 인식에 대한 신뢰는, 고대로부터 내려오는 지혜가 현대 사회에 어떻게 적용될 수 있는지에 대한 깊은 이해를 필요로 합니다. 생기풍수의 원칙들은 자연의 원리와 인간의 삶 사이의 균형을 찾는 데 중점을 두고 있으며, 이는 오늘날에도 여전히 매우 중요한 주제입니다. 특히 환경 파괴와 지속 가능하지 않은 생활 방식이 전 세계적인 문제로 대두되는 시점에서, 생기풍수의 자연과 인간 사이의 조화를 추구하는 철학은 더욱 의미가 깊습니다.

이러한 전통적인 지식 체계가 시대를 초월하여 인간의 삶에 긍정적인 영향을 미칠 수 있는 이유는 그것이 제공하는 실용적인 해결책과 지침 때문입니다. 예를 들어, 생기풍수는 집이나 사무실의 배치를 최적화하여 긍정적인 에너지 흐름을 촉진하고, 따라서 거주자의 건강과 행운을 개선할 수 있도록 조언합니다. 이러한 공간 배치는 실제로 사람들의 기분과 생산성에 긍정적인 영향을 미칠 수 있습니다.

또한 생기풍수는 개인의 삶에서 경험하는 다양한 문제에 대한 해결책을 제시함으로써, 사람들이 자신의 환경을 보다 의미 있고 통제 가능한 방식으로 인식하도록 돕습니다. 이는 개인의 자아 실현과 내적 평화를 증진시키는 데에도 기여할 수 있습니다.

결국 생기풍수에 대한 신뢰와 가치는 그것이 제공하는 균형 잡힌 삶의 방식과 인간이 자연과 조화롭게 공존할 수 있는 방법을 모색하는 데에 있습니다. 이러한 접근 방식은 개인의 삶을 풍요롭게 하고, 전반적인 웰빙을 향상시키며, 결국에는 사회 전체에 긍정적인 변화를 가져올 수 있습니다. 따라서, 생기풍수에 대한 신뢰는 단순히 과거의 전통을 따르는 것이 아니라, 더 나은 미래를 향한 지혜롭고 실용적인 접근 방법으로 볼 수 있습니다.

제3장

재물운이 커지는 사고의 비밀

행복은 어디에서 오는가

행복은 단순히 조건이나 특별한 사건에 의해서만 만들어지는 것이 아니라, 자신의 내면에서 오는 경우가 많다. 행복에 대한 관점은 사람마다 다를 수 있다.

경남 합천 해인사海印寺의 기둥에는 '원각도량하처圓覺道量何處'라는 글이 새겨져 있다. 이는 '깨달음의 도량, 즉 행복한 세상은 어디인가?'라는 질문이다. 그 질문에 대한 답은 맞은 편 기둥에 '현금생사즉시現今生死卽時'라고 새겨져 있다. 이는 '당신의 생사生死가 있고, 지금 당신이 발 딛고 있는 이곳이다'라는 뜻으로, '지금 살고 있는 이 순간, 이곳에 충실하라'는 의미이다.

우리가 살아가는 매 순간은, 생애 처음이자 되돌릴 수 없는 마지막 순간이며 유일한 시간이다. 지금 이 글을 읽고 있는 당신에게 바로 지금 이 순간은 다시 돌아오지 않는다.

지금 한번 주위를 돌아보자. 모두가 영원히 살 것처럼 생각하고 행동하지 않은지, 과거를 후회하고 미래를 걱정하며 불안한 마음으로 살아가는 존재는 아닌지, 남과 나를 끊임없이 비교하고 한탄하며 죽어라 일만 하고 살아가는 존재는 아닌지 되돌아볼 필요가 있다. 당신에게 정작 가장 소중한 일, 가장 가치 있는 것들을 뒤로 미룬 채 오로지 불확실한 미래를 위해 지금 이 순간을 허둥대며 소비하고 있을 뿐이다.

행복한 내일을 꿈꾸며 지금 이 순간 고통을 인내하며 살아가는 게 과연 현명한 일인가. 결국 그토록 원했던 목표를 가지게 된들 지난 수많은 시간들이 대부분 고통의 순간이었다면 과연 행복하고 성공적인 삶일까.

우리는 현재의 시간을 너무 헛되이 소비하고 있다. 지금 이 순간은 다시 없을 선물이다. 즉 지금now, 현재present는 선물present이다. 우리 삶에서 가장 소중한 지금 이 순간에 집중하지 못하고 오로지 먼 미래를 위한다며 엉뚱한 일로 소비하고 있다. 먼 훗날 언젠가 성공한 다음 하려던 일들이 있다면 더 이상 먼 미래로 미루지 말고 할 수만 있다면 바로 지금 당장 하라.

죽음을 앞둔 이들 대부분은 지난 시절 자신의 잘못이나 못다 한 일들에 대해 용서를 구하거나 후회를 한다고 한다. 그러니 지금 매

순간마다, 정말 가슴이 절절하게 원하는 일을 바로 하자.

현재라는 시간은 모두에게 공평하게 주어진 선물이다. 지난 과거에 헛되이 연연하지 말고, 내일 일로 오늘을 걱정하지도 말고 지금 이 순간에 집중하고 최선을 다하는 것이 행운을 불러오고 행복한 삶을 만드는 최고 비결이다.

생기학에서 보는 행복은 내·외부 환경과의 조화로운 좋은 에너지와 긍정적인 생기의 흐름에서 비롯된다고 할 수 있다.

어제의 비로 오늘의 옷을 적시지 말고
내일來日의 비를 위해 오늘의 우산雨傘을 펴지 마라.
– 중국의 격언

세상에서 제일 행복한 사람

세상에서 가장 행복한 사람을 명확하게 지목하는 것은 어렵다. 행복은 매우 주관적이고 다양한 요소에 의해 영향을 받기 때문이다.

하지만 행복은 개인적인 경험과 내면의 상태에 기반하기 때문에, '세상에서 제일 행복한 사람'이 누구인지 판단하는 건 저마다 다를 수 있다. 더구나 사람마다 행복을 느끼는 요소도 다르다. 행복을 추구하는 것은 개인의 내면적 여정이기도 하기 때문이다.

그래도 세상에서 제일 행복한 사람은 누구인지 나름 정리해 보았다.

첫째, 나이와 상관없이 일단 할 일이 있어야 한다. 주위를 보면 얼마 전까지 바쁜 일상을 살아가던 사람이 실직하거나 퇴직한 후

급격히 안색이 나빠지고 나이가 들어보이는 경우가 있다. 매일매일 일하는 보람, 성취감, 즐거움이 행복의 첫째 조건이다. 일이 있어야 목표가 있고, 성취욕이 생기며 몸에 생기가 솟는 법이다.

둘째, 사랑하는 사람이 있어야 한다. 사랑하는 사람과 함께 하는 시간 속에서 피어나는 웃음과 감정도 무엇보다 소중한 행복의 조건이다. 사랑의 힘은 강렬한 신체반응과 함께 때로는 죽음도 두려워하지 않게 만들고 놀라운 헌신을 불러 온다. 이는 사랑의 감정을 느낄 때 도파민, 옥시토신, 아드레날린 등의 호르몬들이 분출되기 때문이라고 한다.

지난 2010년 미국 시러큐스대학과 웨스트버지니아대학 공동연구팀은 이를 증명하는 연구결과를 발표한 적이 있다. 연구팀에 따르면 사랑에 빠진 사람의 뇌에서는 불과 0.2초 만에 도파민, 옥시토신, 아드레날린 등 격렬한 신체반응을 불러오고 행복감을 느끼게 하는 호르몬들이 다량으로 분비되었다고 한다. 또한 사랑을 하고 있는 사람은 다른 사람에 비해 인지능력이 높게 나타났고 학습능력도 향상된다는 결과가 나왔다고 밝혔다.

셋째, 희망이 있어야 한다. 아무리 힘든 순간이라도 희망의 빛이, 한줄기 가능성이 있으면 견뎌낼 힘을 얻는 게 사람이다. 그것이 행복의 조건이다.

결론은 할 일이 있고, 사랑하는 사람이 있으며, 희망이 있다면 그 사람이 지금 가장 행복한 사람이다. 행복한 사람은 스스로 좋은 기운을 만들어 내고 자신의 행복감을 널리 퍼지게 만든다. 또한,

행복한 사람은 자신의 삶을 적극적으로 살고, 마음에서 긍정적으로 행복을 추구하는 사람이다.

어리석은 자는 멀리서 행복을 찾고,
현명한 자는 자신의 발치에서 행복을 키워간다.
– 제임스 오펜하임(19세기 미국의 유명 시인)

진정한 행복의 비결

행복이란 인간답게 사는 노력을 하는 과정에서 느낄 수 있는 정신적·육체적 만족감이다. 그러나 오로지 자기 자신만의 행복을 삶의 목적으로 삼고 살아가는 사람은 오히려 행복과 멀어질 수 있다. 자칫 욕심에만 사로잡혀 살아갈 수 있기 때문이다.

행복은 원대한 이상이나 꿈을 달성했을 때만 얻어지는 게 아니다. 매일매일의 소소한 일상과 삶 속에도 존재한다. 비록 진수성찬은 아닐지라도 가족과 함께 식사한 후 여유롭게 마시는 커피 한 잔에도, 퇴근 후 현관에서 꼬리를 마구 흔들며 반겨주는 반려견의 애교에서도 행복은 느낄 수 있다. 사랑이 있는 곳에 행복은 언제나 함께 하기 때문이다.

행복의 척도를 물질에 두는 경우도 있지만 소유보다는 경험이 더 행복한 감정을 크게 해준다. 그러므로 절대 물질적인 것의 가치를 과대평가하지 말자. 부는 절대적인 것이 아니라 상대적인 것이다. 사흘을 굶은 사람은 라면 한 그릇만 먹어도 행복한 감정이 들지만, 예상보다 실적이 저조한 고액 연봉자에게는 호텔에서의 값비싼 식사도 맛을 못 느끼는 법이다.

한 연구조사 결과를 통해 사람은 어느 정도 물질적인 욕구가 채워지고 나면 더 풍요로워져도 행복감에는 별 영향이 없는 것으로 드러났다. 물론 절대적 빈곤 상태에서 행복을 느끼기란 어렵다. 그러나 연구조사 결과처럼 노후자금 준비와 함께 의식주 걱정에서 벗어날 정도로 수입이 보장되었고, 건강을 돌보며 좋아하는 취미생활을 하는 수준 이상을 살아가는 사람에게는 수입이 더 늘었다고 해서 행복감에 큰 변동이 없다는 것이다.

그러니 재산의 작은 변동에 너무 신경 쓰지 말고, 부자와 비교하지 말라. 특히 가진 게 많다고 자랑하는 건 불운을 불러오는 지름길이다. 재산이 많다고 떠벌릴수록 남들로부터 시기와 화를 부른다. 이런 언행은 나쁜 기운을 불러와 결국 금전적 손실이나 건강에도 문제가 생길 수 있다. 늘 가진 것에 감사하고 혼자보다는 가족이, 주위 사람들까지 모두 즐겁고 행복해야 한다는 생각으로 나누는 삶을 살아야 행복이 커져 가는 법이다. 행복은 전염성이 강하기 때문이다.

그렇지만 물질을 완전히 무시하고 행복하기란 쉽지 않다. 지속적인 행복을 위해선 사회생활을 통해 적절한 수입원을 확보해야 한다. 그런데 중요한 건 수입을 위한 사회활동 역시 개인에 따라 행복감에 크게 작용한다는 것이다. 즉 돈만을 위해 죽어도 하기 싫은 일을 매일 억지로 하는 경우와 적성과 재능에 맞는 일을 콧노래 부르면서 즐겁게 하는 건 천지 차이다.

자신이 가진 재능과 특장점을 알려면 무엇보다 젊은 시절부터 부지런한 학습과 시행착오를 겪으며 스스로 찾아내야 한다. 이렇게 남들보다 뛰어난 분야, 좋아하는 일을 찾아낸 다음에는 사회생활을 통해 열심히 역량을 발휘해 가는 것이다. 여기서 중요한 것이 삶의 목표를 달성하는 그 과정 속에서도 매일 일을 하는 가운데 행복감을 맛볼 수 있다는 점이다.

그러나 스스로 능력이 부족하다고 비관하지 말라. 단언컨대 성공적인 사회생활을 위해선 모든 분야를 다 잘할 필요는 없다. 사람들은 모든 면에서 남들보다 뒤처지지만 단 한 분야, 한 가지만이라도 남들보다 훨씬 잘하고 가슴 뛸 정도로 좋아하는 분야가 있기 마련이다. 이는 실제 자폐나 시각, 청각 등 장애자들에게서도 발견할 수 있는 사실이다.

그리스 로마 철학자들은 마음의 평정에 도달한 상태, 아타락시아ataraxia를 진정한 성공, 즉 물질적인 외적 성공보다 내적 성공을 중요하게 여겼다. 미국의 전설적인 농구감독 존 우든 역시 '성공은 자신이 될 수 있는 최고의 존재가 되기 위해 최선을 다한 사람에게 깃드는 마음의 평화'라고 말했다. 모두 정신적 즐거움, 평온한 마음이 진정한 성공이자 행복이라는 말이다.

진정한 행복을 추구하는 풍수의 관점은 단순히 물리적 환경의 조화만을 의미하는 것이 아니라, 그 환경이 사람들의 정서적·정신적·신체적 건강에 긍정적인 영향을 미치고 있다.

조선시대 태조 이성계가 한양을 도성으로 정하고 이전할 당시 무수히 많은 풍수가 개입되었다는 설들이 있다. 또한 창덕궁 인정전 정문의 앞마당은 형태가 사다리꼴로 되어 있다. 대궐 앞마당은 넓고 반듯한 사각형이 되어야 하는데 왜 찌그러진 사다리꼴 모양이었을까? 북한산에서 종묘로 들어가는 지맥地脈을 훼손시키지 않고 마당을 만들려다 보니 사다리꼴 모양의 형태가 된 것이다.

또한, 경상북도 안동 하회마을에 가면 부용대라는 높은 절벽이 있다. 이 암벽의 나쁜 기운이 마을에 미치지 않도록 중간에 소나무 1만 그루를 심어 만송정이라는 인공 숲을 만들었다. 이는 겨울철 북서 계절풍을 막는 방풍림 역할을 하지만 풍수적으로 암벽의 거센 돌기운을 막아내기 위한 숲이기도 하다. 이렇듯 행복의 비결 중에는 풍수를 통해 좋은 기운을 받아 자연과의 조화를 이루며 살아가는 과정에도 있다.

남을 기쁘게 하고 그로 인해
본인도 기뻐할 수 있는 사람은 행복하다.
– 괴테

불평, 불만과 비난은
좋은 기운을 가로막는다

매사에 불평, 불만만 늘어놓는 이들이 있다. 이렇게 부정적인 말을 입에 달고 사는 사람은 스스로 새로운 기회를 걷어차 버리는 셈이다. 부정적인 말은 생각과 행동을 멈추게 한다. 결국 어떤 일의 시도 자체를 멈추게 하여 자신의 가능성을 스스로 없애 버리는 파괴적인 일이다. 심신의 기운에도 당연히 나쁜 영향을 주기 마련이다.

사람들은 각자 가지고 있는 생각의 패턴에 따라 같은 상황도 다르게 해석한다. 습관화된 부정적 사고의 패턴을 바꿔야 한다. 대신 긍정적인 사고의 패턴을 강하게 만들어야 한다. 이는 마치 자주 쓰는 몸의 근육이 강해지는 것과 마찬가지 이치이다.

오스트레일리아의 원주민이 사용하는 부메랑은 동물 뼈처럼 단단한 것으로 만들어 던지면 다시 돌아온다. 원래는 새를 잡는 사냥 도구였지만 다른 부족과 싸울 때도 사용했다고 한다. 그런데 이 부메랑이 사냥감이나 적에게 맞지 않고 되돌아오면 던진 사람이 공격받을 수 있는 위험이 있다.

이처럼 원래 자신의 의도와는 다르게 오히려 위협적인 결과로 다가오는 상황을 '부메랑 효과'라고 한다. 불평과 불만, 비난 역시 마찬가지로 부메랑처럼 작용한다. 타인에게 악의를 가지고 불평하고 비난을 퍼붓는다면 훗날 그에게 되돌아오는 일이 생긴다. 항상 남을 흉보며 습관적으로 부정적인 말만 늘어놓으면 그만큼 적대적인 사람들이 생겨나기 마련이다. 또한 늘 부정적인 언행을 일삼는 사람은 정서적으로 피로감을 주어 사람들이 멀리하게 되는 법이다.

일찍이 증자 역시 '계지계지 출호이자 반호이자야戒之戒之 出乎爾者 反乎爾者也(경계하고 또 경계하라, 네게서 나간 것은 네게로 돌아온다)'라고 함부로 말하면 위험하다는 것을 경고하기도 했다.

지금 불평하고 불만족스럽다고 남을 비난하고 있는 상황이 오직 남 탓만 할 일인지 생각해 보자. 나쁜 상황의 원인을 습관적으로 남에게 떠넘길 게 아니라 자신의 잘못은 없는지, 스스로의 책임은 없는지 곰곰이 생각해 보자.

주로 남을 비난하고 험담하는 사람들의 가장 큰 특징은 자기중심적이라는 것이다. 세상만사 모든 일들이 자신을 중심으로 돌아가며 자신의 기준에 맞아야 한다. 그만큼 자신만은 무결점이고 절대적인 존재라고 여기는 것이다. 얼마나 이기적이고 오만방자한 생각인가. 자신을 포함해 모든 인간은 불완전한 존재임을 인정해야 한다. 단, 사람마다 각자의 특장점과 약점을 가지고 있는데, 장점은 서로 존중해 주며 배워가고, 단점은 보완해 주며 함께 발전해가는 관계가 이상적이다.

남을 비난하는 대신 남의 말을 잘 듣고 남의 입장에서도 생각할 줄 알아야 한다. 이는 결국 사고의 폭을 넓히고 깊이를 더해 인격적으로도 성숙하게 하며 주위에 좋은 사람들이 따르게 된다. 당연히 그런 사람의 운은 좋을 수밖에 없다.

결코 남의 험담을 늘어놓으며 성공한 사람은 보지 못했다. 생기풍수 관점에서 '남과 비교하지 않으면 운이 좋아진다'고 했다. 가장 행복한 사람은 자신의 행복뿐만 아니라 타인의 행복에도 긍정적인 영향을 미치는 사람이다.

좋은 말로 남에게 베푸는 것은
비단옷을 입히는 것보다 따뜻하다.
- 순자

불운하다고 느끼는 것도 습관이다

불운하다고 느끼는 것이 습관이 될 수 있다는 관점은 실제로 심리학과 행동과학에서 다루어진 주제 중 하나이다. 이러한 관점은 주로 '부정적 사고의 습관화'와 관련이 있으며, 일련의 부정적인 경험들이나 생각들이 반복될 때, 사람들이 자신을 불운하다고 인식하게 되는 것이다. 이는 '학습된 무기력'이라는 개념으로 생각할 수 있다.

'늘 배신당하고, 좋아하는 이성과는 인연이 없고, 무슨 일을 해도 실패만 하고…' 이렇게 자신이 늘 불운하다고 여긴다면 그 원인은 무엇보다 습관화된 심리적 패턴 때문이다. 일상에서 무슨 일이 일어나든 모두 자신이 운이 없기 때문이라는 생각에서 벗어나야 한다.

나쁜 일이 닥치면 어차피 일어날 일이었다고 생각하며 심각하게 자책하지 말라. 대신 그 상황과 현실을 받아들이고 잘 관찰하도록 한다. 최악의 상황 속에서도 평정심을 잃지 않는 능력을 길러야 한다. 가슴이 요동치는 긴박하고 놀라운 상황 속에서 평정심을 유지하는 게 결코 쉬운 건 아니지만 잠시라도 물리적, 정서적인 거리를 유지할 수 있다면 가능한 일이다. 일단 한 걸음 물러선 다음 크게 심호흡하고 마음을 진정시키도록 한다. 때론 산책도 도움이 될 것이고 명상도 유용한 방법이 될 수 있다.

불운한 상황에 침착하게 대처하는 능력이 커질수록 차츰 자책감에서 벗어날 수 있는 해결 방법도 스스로 찾아내게 된다. 자신이 스스로 옭아맨, 불운하다는 저주를 풀고 벗어날 수 있는 능력을 키워야 한다. 처음에는 힘들겠지만 지속적으로 나쁜 상황에서도 당황하지 않고 긍정적인 마음으로 극복하려는 시도를 해보는 것이 중요하다. 물론 완벽하게 문제가 해결되지 않더라도 그동안 불운하다는 생각만 했던 습관 대신 '해볼 만하다, 방법이 있다'는 긍정과 희망의 불씨가 생겼다는 게 중요하다. 이제부터 여러분의 사고 영역이 불운에서 벗어나 행운의 방향으로 나아가는 통로가 생겼기 때문이다. 다음은 그 통로를 자주, 적극 활용하며 넓히고 튼튼하게 확장해 가는 것이 중요하다.

불운으로부터 벗어날 방법도 없고 그럴 능력이 없다고 자책하며 포기한 채 머물러 있다는 사고의 습관부터 바꿔야 한다. 지금 당장 어두운 방에서 나와야 한다. 할 일이 없다면 집 근처 공원이라도 걸어보라. 당장 불운하다고 느끼는 상황이 달라지진 않겠지만 어둡고 칙칙한 사고영역에서 밝고 활기찬 사고영역으로 당신의 몸과 마음이 옮겨갈 것이다.

세상이 온통 어둡고 운이 나쁜 일만 있는 건 아니다. 그동안의 기억들 중 운이 좋았던 일이나 즐겁고 행복했던 순간들을 떠올리는 습관을 가져보는 것이 좋다. 그동안 불운하다는 생각에 사로잡혀 살아왔다면 이제는 맑고 상쾌한 자연, 밝고 건강하고 활기찬 사람들을 찾아 즐기는 습관을 가지도록 하자.

자신에 대한 깊은 이해와 함께 긍정적인 사고와 행동으로 매일매일 적극적으로 살아간다면 행복에 더 가까이 다가갈 수 있다.

운은 '타고난 것이 아니라 스스로 만들어가는 것'이다. 운칠기삼 運七技三이라는 표현과 같이 일상 속 작은 습관이 운을 끌어당기는 것이다. 일상에서 좋은 생각을 하고, 고운 말을 하고, 좋은 사람을 만나는 등의 사소한 좋은 습관이 모여 주변의 좋은 기운을 끌어당기고 이런 시간들이 쌓여 운이 좋은 사람이 된다는 것이다. 지금부터라도 부정적인 생각의 고리를 끊어내고 마음속을 긍정적인 에너지로 가득 채워보자. 이는 과학적으로도 검증된 사실이다. 긍정적인 말을 하면 뇌에서 세로토닌, 옥시토신, 도파민 같은 기분을 좋게 하는 물질이 나오기 때문이다. 좋은 말을 함으로써 내 기분이 좋아지면 남에게도 좋은 말을 건넬 수 있고 이것이 주변의 운을 내게로 끌어당기는 부자가 되는 생기풍수를 하는 것이다.

모든 꽃이 봄에만 피는 것은 아니다

인간 역시 자연의 일부로 자연계의 순환질서에 적용되는 존재이다. 즉 인생은 탄생, 성장, 성숙, 노쇠, 죽음, 소멸이라는 순환구조를 가진다. 물론 죽음과 소멸 이후 다시 환생하며 완전한 순환을 한다고 하나 이는 개인마다 종교나 믿음 등에 따라 달리 생각할 수 있으니 죽음 이후의 세계는 논외로 하겠다. 아무튼 사람은 순환 질서에 따라 저마다 단계적으로 달라져 가는데 각 단계는 모두가 일정하지 않다. 우리는 각자 자신만의 꽃을 찬란하게 피울 계절이 따로 있기 때문이다.

그러니 남들의 성공을 비교하고 부러워할 일이 아니다. 특히 이른 성공은 복이 아니라 큰 불행이 되기도 한다. '소년등과 부득호사少年登科 不得好死, 즉 어린 나이에 과거에 급제하여 높은 자리에 오르면 좋게 죽지 못한다'는 말이다. 이는 중국 송나라의 유학자 정이程伊의 말로 무엇보다 복 중에 초년 성공을 가장 불행한 것으로 본 것이다. 첨단 디지털 기술로 10대에도 갑부가 탄생하는 시대를 살고 있지만 예로부터 초년의 큰 성공은 경험과 지식 부족으로 객관적인 판단을 못하고 독선, 아집에 빠지게 되어 결과가 좋지 못한 경우가 많았다.

사람과는 달리 꽃은 다른 꽃을 시기하고 질투하지 않는다. 다른 이의 꽃을 부러워하고 시기하는 데 에너지를 헛되이 쓰는 대신 당신만의 꽃을 피우는 데 가진 힘을 집중해야 한다. 모든 꽃이 자신만의 매력이 있듯이 당신의 꽃만 가진 독특한 향과 아름다움으로 세상을 기쁘게 할 수 있다.

타인과 비교하는 대신 현재 자신이 좋아하는 일에 집중하고 매일 매 순간 즐겁고 행복함을 느낀다면 운도 점점 좋아지는 법이다. 마음이 여유 있고 즐거워야 모든 일들이 잘 풀려나간다. 비교만 하지 않아도 당신의 운은 달라지기 시작한다.

모든 일에는 시기가 있는 법이다. 운에도 적절한 시기에 선택하고 결정하는 것이 크게 좌우한다. 지금 비록 힘에 벅찬 상황이라도 당신의 계절이 오고 있으니 남을 부러워하지 말자. 인생은 자연과 같아서 먼저 핀 꽃이 먼저 지는 법이다. 당신이라는 꽃이 찬란하게 피어날, 당신의 봄날이 지금 오고 있다.

옷차림이 운을 부른다

'옷차림이 운을 부른다'는 표현은 사람들이 자신의 외모나 스타일을 통해 긍정적인 에너지나 좋은 기운을 끌어들일 수 있다는 말이다. 이는 '패션 심리학'이라는 분야에서도 연구하고 있는데, 사람들은 자신이 입는 옷에 따라 자신감이나 기분에 상당한 영향을 받을 수 있다고 한다.

중요한 면접이나 미팅이 있는 날에 자신이 가장 좋아하고, 자신감을 느낄 수 있는 옷을 입으면 그날 성과에 긍정적인 영향을 줄 수 있다. 자신이 좋아하는 색상의 옷을 입거나, 특별한 액세서리를 착용하는 것만으로도 기분 전환이 되고, 자신감을 얻을 수 있기 때문이다.

또한 특정 색상이나 패턴, 소재가 길운을 불러온다는 말도 있다.

물론 모든 사람들에게 해당하는 건 아니지만, 새해에는 붉은색 옷을 입어야 한다거나, 면접이나 시험 보는 날에는 특정 색상의 속옷을 입어야 한다는 등의 믿음들이 해당된다.

옷을 통해 우리가 느끼는 자신감과 긍정적인 기분은 우리의 행동과 태도에 영향을 미침으로써, 결과적으로 좋은 운을 끌어들일 수 있다. 자신이 좋아하고, 편안하게 느끼는 스타일의 옷으로 자신을 표현함으로써 스스로 자신감을 얻고, 긍정적인 기운을 유지하는 것이 중요하다. 결국 긍정적인 마음가짐, 당당한 태도에 자신감을 가진 사람이 좋은 기운을 끌어들일 수 있으며 이것이 바로 생활속에서 즐기는 생기풍수이다.

자신에게 잘 맞는 옷은 좋은 운을 부르니 그만큼 신중하게 골라야 한다.

아름다움은 기분 좋은 운명을 끌어당기는 힘이 있다. 당신이 가진 아름다운 외모와 마음도 자신에게 잘 맞는 옷차림을 하면 더욱돋보이게 되며 다른 사람들까지 즐겁고 행복한 마음이 들게 할 수 있다. 외모와 옷차림이 매력적일수록 호감을 주는 것은 당연하다.

그렇다고 무조건 화려하고 값비싼 옷이 필요하다는 의미는 아니다. 자신에게 어울리는 스타일이 어떤 옷인지, 어떤 색깔이 잘 매치되는지가 중요하다. 또한 옷을 잘 입고 매력적이라는 말을 들으려면 만나는 사람과 목적 그리고 때와 장소까지도 최대한 고려해야 한다.

매력적인 옷차림은 그 사람의 표정, 언행까지 당당하고 자신감 있고 교양 있게 만드는 힘이 있다. 외모의 변화는 운명도 바꾸는 강력한 힘이 있다.

만물엔 기가 있기 때문에 옷을 입었을 때에도 자연적으로 옷에서 품어 나오는 기가 표출이 되며 운도 그 쪽으로 흘러가기 마련이다.

'성격이 밝고 활달하면 양陽의 기운이 흐른다'고 하여 이런 경우엔 운명의 변화가 빠르고 생동감이 있어서 좋긴 한데 여자인 경우 외상을 입을 우려가 있다

그래서 기를 감출 필요가 있는데 이때 정장을 입어서 몸의 에너지를 막는 것이다. 몸의 기운이 밝은데 옷까지 밝게 입으면 기운이 모두 발산돼서 좋지 않다. 그러므로 화려한 색보다 약간 은은한 컬러의 의상이 좋다. 반대로 침울하고 소심하면 음陰이라 볼 수 있는데, 이런 경우에는 밝게 옷을 입음으로써 양을 띄워야 한다. 옷차림은 운의 원리에 따라 음양陰陽의 중간을 향하는 것이 좋다.

옛말에 돌처럼 살지 말고 바람처럼 살라는 말이 있다. 옷도 산뜻하게 변화를 주면서 자신의 일상에도 신성한 리듬을 끌어들여야 한다. 자신을 고귀하게 여기고 상서로운 몸가짐을 가지면 행운은 저절로 넝쿨째 따라온다.

풍요로운 삶을 만들어 주는 색의 힘

색상은 감정과 생각에 깊은 영향을 미치며, 일상생활 속에서 긍정적인 에너지인 생기를 불어넣는 역할을 할 수도 있다. 특히 각 색상은 고유의 의미와 상징을 내포하고 있으며, 이를 이해하고 활용함으로써 보다 더 풍요롭고 만족스러운 삶을 만들어 갈 수 있다. 색상은 우리의 정서적·심리적 상태에 큰 영향을 주며, 사는 공간, 작업 공간을 비롯한 일상복에 이르기까지 색상을 의도적으로 선택하고 조화롭게 사용함으로써 보다 긍정적인 삶을 만들어 가려고 한다. 색상의 힘을 이해하고 자신의 삶에 적용함으로써, 마음을 안정시키고, 좋은 생기를 만들어 행복한 삶을 영위할 수 있게 된다.

2024년 1월 말 국회의원을 뽑는 총선을 2~3개월 앞두고 더불어민주당은 난데없이 색깔 논쟁에 휩싸였다. 민주당이 당 로고와 당을 상징하는 PI(일반적으로 PI는 Personal Identity의 약어지만 정당이므로 Party Identity로 해석할 수 있음)를 새롭게 공개했는데 여기에 사용된 빨강, 보라, 초록 등 세 가지 색상이 모두 과거 이재명 대표가 경기지사 시절에 컨설팅 업체로부터 퍼스널 컬러personal color로 추천받았던 색으로 제작되었기 때문이다. 이를 알게 된 민주당 내 문재인 전 대통령의 지지자들 사이에 그간 '이니블루'라고 부르던 파란색의 비중이 확 줄어들었다고 반발이 일었던 것이다.

반면 친명 성향의 온라인 커뮤니티에서는 '깔끔해 보인다'며 반기고 있다. 하지만 여전히 문재인 색을 지우고 이재명 사당화를 만드는 것 아니냐는 불만의 소리도 이어졌다. 현대 사회에 이르러서는 정당마저도 색을 사용하는데 각별한 관심과 노력을 하고 있을 정도로 색으로 부각되는 이미지의 중요성이 높아지고 있다.

나아가 기업Company color과 정당Party color과 같은 단체뿐 아니라 개인 저마다 어울리는 색상, 즉 퍼스널 컬러는 그 개인의 삶에서 중요한 비중을 차지한다. 색은 감정에 영향을 주고 생각과 행동에까지 영향을 미친다. 때문에 각자의 삶에서 자신의 정체성을 잘 표현하는 색을 적절히 이용할 수 있으면 행복한 생활에 분명 도움이 될 것이다.

일상에서 자신과 어울리는 색 하나만 잘 골라도 존재감이 커지고, 색상 매치가 조화로운 옷차림은 분위기를 좌우하게 하는 힘이 있다. 부지불식간에 색은 늘 곁에 있지만 때론 자신과 주위 사람들에게 놀라운 반응을 불러오기도 한다.

그만큼 색의 특장점을 이해하고 적재적소에 잘 사용할 수만 있다면 행운을 끌어들이고 풍요로운 삶을 만들어 가는 데 대단히 유리하다.

스위스의 유명한 심리학자 칼 융(1875~1961년)은 '사람은 누구나 파랑, 초록, 노랑, 빨강 등 4가지 기질을 가지고 있으며 비율은 다르지만 조금씩 나누어 가지고 있는데 다만 그중 특정한 한 가지 색의 기운이 클 가능성이 높다'고 밝힌 바가 있다. 독일의 시각예술학교 교수 칸디스키(1866~1944년)는 '모든 색채는 영혼을 울리고 모든 진동은 영혼을 풍요롭게 한다'고 하였고 동료 교수였던 이텐 역시 '모든 색채는 각자의 고유한 에너지를 가지고 있다'고 설명하였다.

우리 조상들 역시 색들이 중요한 의미가 있다고 생각했다. 전통 한복이나 굿판, 서낭당의 주색은 음과 양의 기운을 바탕으로 하는 음양오행설에 따라 황黃, 청靑, 백白, 적赤, 흑黑 등의 오방색을 주로 사용했었다. 첨단과학이 발달한 현대에 들어서도 색을 이용해 명예와 성공을 기념하고, 안전을 수호하며, 행운과 장수, 번영과 다산, 사랑과 행복을 기원한다. 색은 민족문화, 정치, 종교, 역사와도 관련이 크다. 이처럼 색은 국가와 거대한 단체나 조직부터 개인에 이르기까지 정체성과 신념을 상징하며, 고유의 사고 방식을 표현한다.

하지만 색의 상징은 국가와 지역과 민족에 따라 달라지기도 한다. 서양의 경우 흰색은 순수의 상징으로 주로 결혼식 때 신부가 입지만, 아시아 일부 국가에선 장례식 때 죽음을 애도하며 슬픔을 상징한다.

색은 사람의 마음과 행동에 강력하게 작용하는데 보통 여성들이 남성들보다 더 많은 색을 보고 더 많은 영향을 받는다고 알려져 있다.

11가지 색의 심리학적 상징

각각의 색은 저마다 다른 느낌과 메시지를 담고 있다. 수많은 색 중에 대표적인 11가지 원색이 가진 상징을 이해하고 생활에 적용할 수만 있어도 삶은 훨씬 풍요로워질 것이다.

빨강

심장 박동을 높이고 맥박을 빠르게 하며, 시간이 실제보다 빨리 지나가게 만드는 효과가 있다. 무엇보다 신체적 본능에 큰 영향을 준다. 때문에 축구와 같이 격렬한 스포츠팀의 유니폼 색상으로 붉은색을 선호한다. 특히 사람들 눈에 잘 띄므로 우체통, 교통 표지판, 경고, 신호등에 사용한다. 빨강은 정력, 체력, 열정, 성욕과 같은 육체적 에너지를 나타낸다. 실제 사람들은 빨강 옷을 입고 빨간 립스틱을 바른 여자에게서 성적인 매력을 느끼고 호감을 보인다고 한다.

반면 분노, 짜증, 격렬한 다툼 등의 부정적인 속성도 지니고 있다. 사람들 앞에서 힘과 결정권을 가지는 주도적인 사람으로 보이고 싶을 때 사용하거나 침실에서 사용하면 성욕이 증가하고 주방이나 식탁 주변에 사용하면 대화가 원활해지는 효과가 있다. 그러나 더운 장소나 서재, 명상 공간에서는 피하는 것이 좋다.

분홍

양육과 돌봄, 따뜻한 사랑, 포용을 표현한다. 반면 무언가 다소 부족하고, 연약한 느낌도 준다. 에너지를 감소시켜 공격성을 줄이고 정서적으로도 차분하게 만드는 효과가 있다. 포근한 분위기로 관심과 공감을 전달하기에 적합한 색으로 아기나 아이들을 위한 공간에 어울리므로 아기방, 어린 자녀의 침실에 사용하면 좋다.

노랑

색채학 전문가들에 의하면 다른 그 어떤 색보다 사람들의 심리에 가장 강력한 영향을 주는 색이라고 한다. 노랑은 매사에 자신만만하게 하고, 긍정적이며 낙천적으로 만들며 자존감을 높여준다. 이런 효과로 아이들을 위한 공간이나 기분 전환이 필요하고 마음이 우울할 때 노란색 옷을 입으면 좋다. 실내에선 자연광이 부족한 복도나 식탁 등과 같은 공간에 사용하면 밝은 느낌을 준다. 반면 너무 많이 사용하면 짜증, 불안, 조바심, 우울감을 불러올 수 있으므로 주의한다.

주황

따뜻하고 친근하며 에너지와 재미가 넘치는 색이다. 악의 없는 장난기를 표현하며, 정겨운 대화와 사회적 소통을 원활하게 하는 데 효과가 있다. 경제적으로는 풍요로움을 상징한다. 분위기를 밝게 만들고 상냥하고 유머 있는 사람으로 보이고 싶을 때 어울리는 색이다. 주방이나 식탁 주변에 사용하면 친밀감을 높여주고, 소화를 원활하게 돕는다. 그러나 너무 많이 사용하면 유치하고 경박해 보일 수 있으므로 주의해야 한다.

갈색

이 색은 전반적으로 안심과 안전한 느낌을 준다. 진지하지만 검정보다 더 부드럽고 편안하며 정겨운 느낌을 주는 효과가 있다. 반면, 많으면 지루하고 생기 없고 따분해 보일 수 있다. 때론 고지식하고 융통성이 없어 보이게 하는 약점도 있다. 믿고 의지할 수 있는 안정감 있는 사람으로 보이고 싶을 때 사용하면 좋은 색이다. 실내에선 도서관이나 거실, 호텔 로비 등에 사용하면 적합하다.

파랑

동서양을 막론하고 전 세계적으로 사람들이 가장 좋아하는 색으로 지적인 이미지와 밀접한 색이다. 두뇌의 반응을 이끌어 내고, 사고의 논리성과 명료함을 상징한다. 때문에 전문성을 표현하는 데 가장 적합하다. 특히 밝은 파랑은 평온하고 고요한 정신상태와 사색을 연상시킨다. 심신을 안정시키는 효과가 있어 편안한 취침을 취할 때 좋은 색이다. 사람들 앞에서 발표하거나 설명할 때 파랑색 옷은 설득력을 높여 주는 효과가 있다. 반면 차갑고 냉담한 느낌을 줄 수도 있다. 실내에는 침실이나 창의적 사고력이 필요한 서재에 사용하면 잘 어울리고, 특히 아침에 기운을 돋워주고 신체와 정신을 일깨워주고자 한다면 욕실에 부드러운 계통의 파랑 타일로 마감하면 효과가 있다.

초록

균형과 조화의 색으로 정신과 육체 사이의 균형을 상징한다. 안정감을 주지만 너무 많이 사용하면 정체되고 지루한 느낌을 줄 수 있다. 판매나 영업직 종사자에게 적합한 색으로 침실, 서재, 홈 오피스, 거실 등의 공간에 적당히 사용하면 어울리는 색이다.

보라

보라는 빨강이 가진 힘과 에너지에 파랑의 신뢰성, 진실성을 합한 색이다. 고차원적 우주를 연상시키며, 영적 각성과 사색을 나타내기 때문에 성직자나 명상가들이 선호하는 색이다. 그러나 너무 많으면 현실감각이 없게 만들기도 한다.

오래 전부터 왕족이나 부유층, 성직자들이 쓰던 색이었다. 자신을 화려하고 고급스러운 느낌으로 표현하고 싶을 때 보라색 옷이 효과가 있으며 실내 공간에는 침실, 기도실 등에 적당하다.

회색

이 색의 상징은 긍정도 부정도 아닌 중립을 의미한다. 불확실하며 무미건조한 느낌을 준다. 뒤로 조용히 물러나서 앞의 화려함을 돋보이게 하는 존재이다. 요란함, 격정적인 것, 압박감을 가라앉혀 편안함을 주기도 한다. 반면 많으면 피곤하고 따분하게 만든다. 사람들 사이에서 자신을 드러내지 않고 조용히 있고 싶거나 중립적이거나 방관자적인 태도를 보일 때 유용한 색이다. 실내 공간을 꾸밀 때는 부분적인 포인트 색을 강조하는 뒷 배경색으로 적합하다.

흰색

흰색은 원래 완벽의 상징이다. 순수하며 평화롭고, 고요하며 단순하고 간결하며 명쾌한 효과를 준다. 혼돈스러움을 정리해 주고 감정을 안정시키는 데 도움이 되는 색이다. 그러나 자칫 무신경하고 단조롭게 보일 수 있다. 주로 병원에 적합한 색이다. 어지러운 머리 속을 정리하고 요점만 간단하게 전달하고자 할 때 적합한 색이고 실내 공간의 경우 부엌이나 욕실 마감색으로 사용하면 청결한 느낌을 주며 잘 어울린다.

검정

우아하고 세련된 분위기를 주는 한편 무게와 권위를 표현하기에 부담스러운 면도 지니고 있다. 때로는 신비로운 분위기를 주고 사람의 감정을 지켜주거나 숨겨주는 효과도 있다. 그러나 많으면 무섭고, 위협적이며 차갑고, 불친절하며 지나치게 부담스러운 압박감을 주기도 한다. 자신의 존재를 숨기고 싶거나, 확실한 권위와 의지를 나타낼 때 효과적인 색이다. 다른 색과 빛을 흡수하는 기능이 있어 실내에선 영화관처럼 집중시키고자 하는 일부분을 제외하고 나머지 전체에 사용하면 효과적이다.

이렇게 색마다 지닌 상징과 효과를 이해하고 실생활 속에서 적절하게 취사선택하고 조합해 가는 능력을 기르면 자신의 안팎으로부터 생기를 불러오고 그만큼 행복에 가까워질 수 있다.

자신과 가장 잘 어울리는 색을 찾아라

색의 중요성을 인식했다면 이제 본인에게 가장 잘 어울리는 색을 찾아보자. 현대인에게 자신에게 어울리는 색을 잘 사용하는 것도 남다른 경쟁력이 될 수 있기 때문이다.

자신에게 어울리는 색을 찾기 위해 여성이라면 화장을 하지 않은 맨 얼굴로 가능한 자연광이 비치는 거울 앞에 서서 색을 턱 밑에 대보면 알 수 있다. 이때 실내에 자연광이 들어오지 않는다면 조명을 최대한 밝게 하고 대보면 된다. 얼굴에 빛이 나고 붉그스름한 혈색이 보이며 매력적으로 느껴지는 색이 바로 당신의 색이다.

우리는 공간 말고도 옷과 스카프, 보석, 가방, 신발, 벨트, 넥타이

등과 같은 다양한 액서서리를 활용해 그 색이 가진 고유의 상징과 긍정적인 힘을 표현할 수 있다. 만남의 목적, 때와 장소, 날씨와 기분 등에 따라 어울리는 색을 골라 활용할 수 있다. 자신에게 가장 잘 어울리는 퍼스널 컬러를 찾아 근사하게 외모를 단장하면 당연히 호감을 주고 매력적으로 만들어 경쟁력을 높여주는 데 효과가 크다.

그러니 이제부터라도 당신의 옷장에 당신만의 퍼스널 컬러를 중심으로 색별로 옷을 잘 갖춰 놓도록 하라. 그렇다고 알록달록 모든 색의 옷을 준비하라는 건 아니다. 일단 자신의 퍼스널 컬러를 기본으로 채도를 달리하면 된다. 예를 들면 퍼스컬 컬러가 청색이라면 연한 청색 또는 조금 더 진한 청색과 같이 채도를 달리하여 준비하는 것이 바람직하다. 차츰 옷을 중심으로 색상 선택에 안목이 생기면 다음엔 액세서리를 활용하여 부분적인 포인트를 줄 수 있다. 이렇게 하면 앞으로 당신이 가고자 하는 시간, 장소, 상황에 따라 당신에게 가장 유리한 색을 골라 사용할 수 있다.

그러나 사실 때와 장소, 시간에 따라 최적의 색을 골라내는 일이 간단치 않다. 색채심리학 전문가들은 색을 고를 때 다음과 같은 몇 가지 기준에 따라 선택하라고 조언한다.

- 권위 있는 사람으로 보이고 싶을 때
- 부드러운 인상을 주고자 할 때
- 이성에게 매력적으로 보이고 싶을 때

- 당신을 돋보이게 만들고 싶을 때
- 사람들을 설득시키고자 할 때

패션 말고도 집 등과 같은 공간도 마찬가지다. 집의 분위기를 바꾸는 데 색채만큼 효과적인 수단은 없다. 집에 색을 잘 사용하면 분위기를 바꾸고 의식주 활동에 영향을 주며, 정서적으로도 긍정적인 효과를 가져온다. 색을 가미한 생기풍수를 잘 적용하여 생기 넘치는 공간을 만들어 보자.

사무실 공간별로 어울리는 색상

- 입구 부분에는 노랑색을 사용하거나 노랑색의 식물도 좋다. 입구에 노랑색이 있으면 외부인에게 줄 수 있는 느낌을 줄 수 있다.
- 휴식 공간에는 보라색 식물이나 보라색 또는 연한 분홍색을 이용하여 벽면을 만들어주면 조용하고 쉬기에 적합하다.
- 빨강은 전화 통화가 많은 영업부나 상담부서 공간에 사용하면 활기를 주는 효과가 있다.
- 주황은 창의성과 재미가 필요한 공간에 어울리므로 연구개발실이나 회의실에 부분적으로 사용하면 좋다.
- 강렬한 분홍은 왕성한 활동을 나타내기에 적합한 색으로 중간 관리자 주위 공간에 적절히 사용하면 직원들에게 경각심을 주

고 업무면에서 효율성을 높일 수 있다.

- 흰색은 부분적인 소품 등으로 활용하여 책상 위에 두면 산만한 정신을 가다듬고 업무에 집중하게 만드는 데 유용하다.

색의 기능과 힘을 충분히 알았으니 앞으로는 삶에서 적극 활용하도록 하자. 색을 잘 활용하는 건 당신과 주위 사람들까지도 모두 긍정적이고 행복한 삶으로 만들어 주는 확실한 효과가 있다.

색은 우리의 기분을 좋게 만들어 주며 정신을 맑게 순화시켜 주기도 한다. 가족과의 관계, 직장에서의 대인관계 등 사회생활을 하는데도 적지 않은 영향을 미친다. 때문에 올바른 색의 사용은 우리의 정신적·육체적 기능에 균형적인 발전을 가져다 준다. 거주하는 공간에 어울리는 색상을 찾아서 행운을 불러들이도록 하자.

세상에는 나 혼자 노력하면 되는 것도 있지만, 때로는 노력만으로 부족할 때가 있다. 딱 2퍼센트만 누군가의 도움을 받으면 될 것 같은데 그러지 못해 좌절하거나 실패의 맛을 봤을 때가 있을 것이다. 어떤 일이 잘 안될 때 우리는 하늘의 힘이 필요하다고 말들을 한다. 하늘이 우리에게 주는 약간의 행운이 노력과 결합한다면, 우리는 현재보다 더욱 나은 삶을 살 수 있을 것이다. 아주 오래 전부터 내려오던 풍수지리는 미신 같지만, 중국이나 우리나라뿐만 아니라 최근에는 유럽에서도 많은 주목을 받고 집을 설계하는 시점부터 풍수학을 적용하고 있다. 심지어는 가구 인테리어 배치를 달리하거나 생기풍수를 적용하여 좋은 소품을 사용함으로써 집안에 행운을 불러 들이는 방법으로 활용하고 있다.

아름다운 것은 아름다운 것을 부른다.
아름다운 것은 선하고, 선한 자는 아름다워진다.
－ 삽포(고대 그리스의 여류시인)

당신의 얼굴에서 보이는 심상

'심상心相'은 사람의 마음속에 품은 이미지나 느낌, 생각의 형상을 의미하지만, 넓은 의미로 어떤 사물이나 상황, 개념 등을 인식하고 이해하는 데 마음속 이미지나 감정적 반응까지 포함할 수도 있다. 어떤 풍경을 보고 느끼는 감정, 사람의 얼굴에서 읽을 수 있는 특징이나 성격에서 나타나는 미묘한 느낌 등이 '심상'이다.

사람들은 각자의 경험, 감정, 가치관 등에 기반하여 다양한 심상을 가지고 있으며, 이는 개인의 인식과 행동에 영향을 준다. 예술, 문학, 심리학 등 다양한 분야에서 심상은 사람의 속마음을 표현하고 있다. 심상은 사람의 정신적 · 심리적 측면을 나타낸다.

심상은 때로는 매우 구체적이고 세밀할 수도 있으며, 또 다른 어떤 경우에는 추상적이고 모호할 수도 있다. 각자가 가진 심상은 그 사람의 개성과 경험, 생각의 깊이를 반영한다. 따라서 심상을 통해 사람의 내면세계를 이해하고, 소통의 방법으로도 활용할 수도 있다.

그러면 흔히 말하는 관상은 심상과 어떻게 다른가.

관상

관상학은 사람의 외모, 특히 얼굴의 형태와 특징을 분석하여 그 사람의 성격, 운명, 건강 상태 등을 추측하는 학문이다. 동양에서 오랜 역사를 가진 관상학은 얼굴의 눈, 코, 입, 이마 등 부위별 특징을 해석하여 개인의 내면적 특성이나 인생의 운을 보는 학문이다. 또한 관상은 사람의 외적 특성을 기반으로 내적 특성이나 운명을 유추하기 때문에, 사람을 이해하고 인간관계를 형성하는 데 흥미로운 관점觀點을 준다.

심상

심상은 개인의 마음속에 그려지는 이미지나 느낌, 생각의 형상을 의미하고, 외부의 자극, 개인의 경험, 감정, 상상력 등에 의해 형성되며, 내면의 심리적 상태를 의미한다. 또한 개인의 내면세계와 창의력, 감정 표현 등을 이해하는 데 중요한 역할을 한다. 문학, 예술, 심리학 등 다양한 분야에서 심상은 자기 탐색과 표현 수단으로 이용되고 있다.

관상과 심상의 차이

관상은 주로 외모, 특히 얼굴의 형태와 특징을 분석하는 반면, 심상은 개인의 내면세계와 마음속 이미지나 느낌에 중점을 주고 있다. 관상은 개인의 성격이나 운명을 외모를 통해 추측하는 데 사용되고, 심상은 개인의 내면세계와 창의력, 감정을 탐구하고 표현하고 있다. 두 개념은 각기 다른 방식으로 개인의 내외면을 이해하는 공통점을 가지고 있으며, 인간을 더 깊이 이해하려는 노력의 일환인 셈이다.

인상의 중요성

영국의 데일리메일이라는 일간지 보도에 따르면 영국 글래스고 대학교의 토라 비욘스도티르 박사팀의 연구 결과 얼굴 모양이 부에 대한 인식에 영향을 미친다며 사람들은 자신이 인식하는 얼굴 모양에 따라 타인을 부자와 가난한 자로 판단하는 것이라고 발표해 주의를 끌고 있다.

특히 이 연구에 의하면 얼굴이 작고 친근한 인상을 가진 사람이 이목구비가 넓은 사람보다 더 부유해 보인다고 밝혔다. 연구진은 사람들이 인상에 대해 순간적인 판단을 할 때 부자로 간주하는 얼굴은 뚜렷한 이목구비에 웃는 입, 치켜 올라간 눈썹, 간격이 좁은 눈, 불그레한 뺨 등이 주요한 판단요소로 작용한다는 걸 알아냈다. 이런 얼굴이 신뢰가 가고, 따뜻하며 유능해 보이고 정직한 인상을 준다는 것이다.

반대로 가난해 보이는 인상으로는 둥근 얼굴에 찌그러진 비대칭 이목구비를 가진 유아적인 모습이라는 사실을 발견했다. 이런 부류의 얼굴을 가진 사람은 체력은 좋으나 지능이 낮으며 복종적인 성격의 소유자로 인식한다고 설명했다. 결론적으로 연구진은 특정 얼굴이 사회 계층을 인식하는 데 중요한 역할을 한다는 걸 알 수 있었다고 전했다.

이 연구 결과는 인상이 한 사람을 판단하는데 얼마나 중요하게 작용하는지 알려주고 있다. 매일 압박감과 경쟁 상황 속에서 많은 사람들을 만나고 업무를 협의하고 경제적 성과를 만들기 위해 노력하는 현대인들에게 좋은 인상은 좋은 운을 불러오고 나아가 당신의 운명에도 지대한 영향을 준다.

동양에서도 일찍이 인상이 운명運命을 결정하는 데 중요한 비중을 차지한다고 보고 이를 연구하는 관상학이 발달하기도 했다. 그만큼 얼굴, 인상이 주는 영향력은 크다고 하겠다.

일전에 '가능하다면 당신의 외모를 바꾸겠는가'라고 성인 남녀를 대상으로 물어본 적이 있었다. 결과는 설문에 응한 남녀 대부분이 바꿀 수 있다면 자신의 외모를 바꾸겠다고 대답했다. 결론적으로 많은 사람들이 자신의 외모에 만족하지 못하고 있다는 증거인데 이는 단순히 외모만을 의미하는 건 아니다. 즉 외모 때문에 불이익을 보았거나 더 나은 삶을 살지 못하고 있다는 반증이기도 하다.

당신의 얼굴을 좋은 인상을 주도록 관리해야 한다. 좋은 인상은 부드럽고 정감이 가고 생기가 있어야 한다. 그런 인상을 만들기 위해선 우선 마음 속에 부정적인 생각과 불평과 불만, 그리고 분노의 마음이 없어야 한다. 매일 남을 헐뜯으며 공격할 생각에 사로잡혀 산다면 인상이 어떻게 좋을 수 있을까. 매일 행복하고 즐거운 생각, 행복한 기억을 하는 습관을 가져라. 이걸 억지로 못하는 일이라고 생각하지 말라. 하루 종일 크고 작은 일들이 벌어지는 가운데 모두 나쁜 일만 있는 건 아니다. 작고 사소한 것에 항상 진심으로 감사한 마음을 갖기 시작하면 얼굴빛부터 환하게 달라지기 시작한다. 이것이 생기를 만들어 운을 바꿔가는 부자되는 방법이며 생활 속에서 즐기는 생기풍수이다.

로마제국 말기 철학자이자 사상가인 성 아우구스티누스는 '인간은 높은 산과 바다의 거대한 파도와 굽이치는 강물과 광활한 태양과 무수히 반짝이는 별들을 보고 경탄하면서 정작 가장 경탄해야 할 자기 자신의 존재에 대해서는 경탄하지 않는다'고 하였다. 이 말은 산, 바다, 태양, 별을 비롯한 세상 그 어느 것보다도 바로 우리가 가장 귀한 걸작품이라는 말이다.

당신과 똑같은 얼굴, 똑같은 생각, 똑같은 행동을 할 수 있는 사람은 이 세상에 아무도 없다. 오직 당신뿐이다. 당신은 이 세상에 바로 하나밖에 없는 보물이다. 세상 어디에도 없는 가장 귀한 걸작품으로 빛나도록 좋은 마음을 가지고, 좋은 인상으로 다듬어 가야 한다.

　사람의 얼굴에서 나타나는 심상이나 표정으로 그 사람의 감정
상태, 생각, 건강 상태 등을 알 수 있다. 또한 생기풍수에서도 사람
의 얼굴 형태나 특징으로도 그 사람의 운명이나 성격, 건강 상태 등
을 알 수 있다. 예를 들어, 넓은 이마는 지혜와 능력을, 밝고 맑은
눈은 마음의 순수함과 에너지를, 균형 잡힌 얼굴 구조는 안정감과
조화로움을 나타냄을 알 수 있다.

사람의 얼굴은 하나의 풍경이요 한 권의 책이다.
얼굴은 결코 거짓말을 하지 않는다.
－ 발자크

명상과 기도의 힘

명상과 기도는 인간 정신과 감정에 긍정적인 영향을 미치는 강력한 수단이다. 명상과 기도는 서로 다른 전통과 문화에서 비롯되었지만, 내면의 심리적 안정을 찾는 공통적인 목표를 가지고 있다.

명상의 힘

명상은 마음을 집중시키고, 현재 순간에 초점을 맞추고 일상 생활에서의 정신적 명료함과 집중력을 높여준다. 특히 명상은 다양한 연구를 통해 정기적인 명상이 스트레스와 관련된 호르몬의 수치를 낮추고, 스트레스를 관리하는 데 도움이 된다고 보고된 바가 있다. 명상은 감정을 인식하고 수용하는 능력을 향상시키며, 명상을 함으로써 감정적 반응을 더 잘 조절할 수 있게 된다. 또한 정기적인 명상을 통해 자신의 생각과 감정에 대한 깊은 이해를 가능하게 한다.

명상은 수천 년 동안 여러 문화와 전통에서 정신적·육체적 건강을 향상시키기 위해 사용되어 왔다. 현재 과학적 연구를 통해 명상이 정신적·신체적 건강에 미치는 긍정적인 영향이 입증되고 있다.

명상은 그 기술과 방법이 다양하며, 각자에 맞는 형태를 찾는 것이 중요하다. 일상생활에 명상을 포함시키는 것은 신체적·정신적 건강을 증진시키고 삶의 질을 향상시키는데 많은 도움이 된다.

기도의 힘

기도는 개인이 스스로 이루지 못하는 욕구나 감사, 두려움을 표현하는 방법으로 희망과 긍정의 마음을 증진시키는 데 도움이 된다. 수많은 사람들은 기도를 통해 자신이 믿는 신과 연결되는 느낌 속에 큰 힘을 받을 수 있다고 여긴다. 때문에 간절한 기도를 통해 정서적 위로와 안정을 찾는다. 또한 기도는 스트레스와 긴장을 완화하는 데 도움을 줄 수 있으며, 특히 힘든 시기에 평안을 찾는 수단이 된다. 연구에 따르면 정기적인 기도는 건강한 생활 습관을 촉진하고, 신체 건강 개선에도 긍정적인 영향을 준다고 한다.

명상과 기도 모두 개인의 심리적·정서적 면에 긍정적인 영향을 주며, 실제로 많은 사람들이 명상과 기도를 통해 연약한 마음을 의지하고 있다. 그래서 내면의 안정을 찾고, 스트레스를 관리하며, 삶의 질을 향상시키는 데 명상과 기도는 강력한 도구가 될 수 있다.

우리는 살아가다 보면 삶의 격정적인 순간을 만나게 된다. 경제적 · 정신적 · 육체적인 심각한 위기에 처하는 일은 누구에게나 생길 수 있다. 그런 상황이면 나도 몰래 '오 하느님!'하는 소리가 절로 나오는 법이다. 그러나 이런 위기의 순간 속에서도 평정심을 유지하는 가운데 극복해 나갈 수 있는 능력을 길러야 한다.

그런 방법 중 유용한 것이 바로 명상과 기도이다. 많은 사람들이 위기의 순간에 닥쳐서야 기도를 하지만 종교나 개인의 신념에 따라 매일 기도하는 사람들도 많고 지금도 이른 아침 정한수를 떠 놓고 자식들의 앞날을 위해 매일 기도를 올리는 어머니들이 있을 것이다. 따지고 보면 명상, 기도도 일종의 투자다. 운이 좋아지길 바라는 자식을 위한 투자와 노력이고, 자신을 위한 투자인 셈이다.

이렇게 운에도 투자를 해야 한다. 우리의 무의식은 엄청난 잠재력과 가능성이 있다. 반드시 이루고 싶은 꿈이나 소망은 열심히 노력하고 준비하는 것과 함께 매일 간절히 바라는 기도를 해야 한다. 명상 기도가 간절하면 할수록 하늘의 기운을 움직이고 응답을 받을 가능성이 크다. 하늘과 우주의 이치가 그렇다.

행운이 오길 바라며 위기의 순간에서 벗어나려면 우선 혼란스러운 마음을 다잡을 수 있어야 한다. 놀란 가슴을 진정시켜주고 평온함을 만들어 주는 명상과 기도법을 평소 따라 하며 몸에 익히면 삶에 이로울 것이다.

가장 먼저 조용하고 집중할 수 있는 장소를 찾아 편안한 자세로 앉는다. 그 다음 눈을 감고 몸과 마음이 이완되도록 깊고 긴 호흡(단전호흡)을 3번 한다.

이어 마음 속으로 '내 마음은 참으로 밝고 맑도다'라고 되뇌인다. 이때 숨을 들이쉬면서는 '내 마음은', 내 쉴 때는 '참으로 밝고 맑도다'라고 머릿속으로 따라 하면 효과적이다.

차츰 안정감이 들면 '이 안식의 순간에, 나는 내 마음을 내려놓는다. 이 순간을 완전히 받아들인다. 나는 이 평화가 소망하는 일이 이루어지는데 빛이 되길 기원한다'라고 간절한 마음으로 기도한다.

끝으로 평온해진 마음을 조용히 느끼는 가운데 앞서 일러준 단전호흡을 몇 번 더 한다. 그런 다음 눈을 서서히 뜨고, 몸을 천천히 움직여 일어난다.

이런 명상 기도법은 사람에 따라 습득 속도가 동일하지는 않으나 일상에서 약해진 마음을 평온하고 순수한 상태로 만들어 주는 효과가 있다. 이는 좋은 기운을 불러오고 위기를 극복하는 데 필요한 의지와 힘을 주어 나아가 그토록 소원하는 바를 이루는 데 긍정적인 역할을 한다. 단 기도가 지나친 사욕만을 위한 것일 경우에는 그 효과는 반감되는 법이다. 가능한 자신은 물론 공동선을 바라는 이타적인 기도일수록 큰 응답으로 되돌아온다.

제4장

복을 부르고 **무병장수하는 비결**

건강관리는 기본 중의 기본

건강의 가장 큰 비결은 가능한 자신이 좋아하는 일을 찾아서 즐거운 마음으로 하는 것이다.

좋아하는 일이 있고 자신의 내면을 가꿔가며 열정 있는 삶을 사는 것이 건강의 비결이다. 밤낮으로 놀기만 하는 사람은 무병장수하기 어려운 법이다. 특히 규칙적으로 자신의 몸에 잘 맞는 운동을 찾아 즐기되, 혼자 하는 것보다 파트너가 있거나 단체로 하는 운동이 몸뿐만 아니라 마음까지도 건강하게 만들어 준다. 정신의학자들에 따르면 현대인들의 경우 일상에서 큰 소리를 지르는 경우는 대부분 타인과 심하게 다투는 때인데 이는 본인의 에너지를 소진하게 하고 몸과 마음을 나쁜 기운으로 가득 차게 만들기에 몸에 대단히 해롭다고 한다. 반면 단체운동이나 파트너와 함께 하는 운동은 서로 격려하고 기운을 돋는 소리를 크게 내기에 스트레스를 해소하는 효과를 가져와 정신건강에 대단히 이롭다는 것이다. 운동 외에도 여행, 독서와 공부 역시 건강하고 젊게 만들어 준다.

하지만 그렇다고 질병을 완벽히 막아낼 수는 없다. 단지 심한 상태로 발전하기 전에 미리 알아차리는 것이 최선이라 하겠다. 만약 건강에 문제가 생기기 시작하면 우리 몸은 먼저 신호를 보낸다. 그 미세한 신호를 잘 감지하고 빨리 대처할수록 큰 병을 막을 수 있는 법이다. 특히 현대인들에겐 스트레스가 발병의 가장 큰 원인이다. 정신적 스트레스가 쌓여 일정 수위를 넘어서면 위험하다. 식욕이 떨어지고, 체중이 줄고, 잠을 못 이루거나 항상 피로감을 느끼게 된다. 신체적으로 밸런스가 무너져 환경이 변하거나 외부로부터의 작은 충격에도 발병하기에 이른다. 또한 정신적으로도 취약해져 신경과민으로 사소한 일에도 감정을 주체하지 못하게 되며 주위 사람들과 다투는 일도 잦아진다.

이런 정신적 질병은 오히려 신체적 질병보다 심각하다. 이미 우리나라의 우울증 환자가 100만 명을 넘어섰다고 한다. 이는 사회적으로도 큰 문제가 되고 있다. 길거리에서 '묻지마 폭행'이 벌어지고, 흉기를 마구 휘둘러 불행하게도 길 가던 생면부지의 행인이 사망하는 사건도 벌어지는 세상이다. 이런 심각한 우울증은 정신적 장애로 볼 수 있는데 그 원인은 오랜 시간 쌓여 온 정신적 스트레스가 주범이며 유전적 성향, 과거의 외상적 경험, 뇌 신경전달물질의 기능 이상 등도 그 원인으로 꼽히고 있다.

이렇듯 정신질환은 그 원인이 다양한 만큼 적절한 치료법을 찾기도 힘들다. 그리고 무엇보다 정신질환을 앓고 있지만 본인 역시 인식하지 못하기도 하고 좀체 외부로 드러나지 않는 경우가 많아 심각한 지경에 이르러서야 알게 된다. 때문에 정신적으로 심한 스트레스와 함께 매우 힘든 상황이라면 본인 스스로 신체적 질병 못지않게 심각하게 인식하고 적절한 대처가 필요하다. 우선 본인이 정신적으로 문제가 있음을 밝히고 가족과 같이 가까운 주위에 도움을 청하는 것이 좋다. 때론 정도에 따라 정신과적인 치료와 관리가 필요하며, 장기간의 심리적인 고통으로 괴롭다면 심리전문가의 도움을 받도록 한다. 이런 정신적인 질환을 가리고 숨기다가는 훗날 자신은 물론 주위 사람들까지 더 큰 화를 불러올 수 있기 때문이다.

무엇보다 건강이 당신에게 최고의 자유를 준다.

건강이 있는 곳에 자유가 있다.
건강은 모든 자유 중에 으뜸 가는 것이다.
- H.F 아미엘

건강하려면 수맥을 알라

생기풍수는 생활 환경 속에서 에너지 흐름을 중요하게 여기는데, 수맥 또한 그 에너지의 한 흐름으로서 중요한 요소 중 하나이다. 생기풍수에서는 자연의 에너지, 즉 '기'가 사람의 건강과 운명에 영향을 미친다고 보고 있으며, 수맥의 위치와 흐름을 이해하고 이를 조화롭게 관리하는 것이 중요하다.

수맥이란

수맥은 땅속에서 흘러 다니는 물의 흐름을 말하며, 마치 인체의 혈관처럼 땅속에서 넓고 좁은 맥으로 층을 이루면서 흐르고 있다. 예로부터 이 수맥은 우리 인간들의 삶과 대단히 밀접한 관계를 가지고 있다. 지표수가 부족한 곳에선 땅을 파고 지하를 흐르는 수맥을 찾아내 식수나 생활용수로 이용하여 왔다. 반면 수맥이 가진 수맥파와 수맥의 압력, 응집력 등으로 인해 악영향을 받기도 한다.

눈에는 보이지 않지만 수맥은 땅속에 많이 흐르고 있고 이 수맥에서 생기는 수맥파는 지구의 내부 핵으로부터 방사되는 복사에너지가 지구 표면으로 나올 때 수맥과 부딪치면서 저주파 파형으로 변형되어 그 파장이 지표면 위로 대기권까지 방사되는 것을 의미한다.

특히 그 수맥파는 직선으로 또는, 지그재그로 지구 표면 위로 치고 올라와서 모든 동물과 식물, 건물, 고층의 아파트와 조상이 계시는 묏자리까지도 악영향을 끼친다.

또한 이러한 수맥파 외에 수맥은 엄청난 압력을 가지고 있다. 수맥이 지표로 분출될 때 높이 솟아오르는 것이 바로 수맥의 무시무시한 압력 때문이다. 수맥파와 고압력의 수맥은 강력한 응집력까지 가지고 있어 심각한 문제를 일으킨다. 지하의 수맥은 지상이나 지하 가릴 것 없이 주위의 모든 수분을 빨아들이는 힘을 가지고 있어 수맥파와 함께 인체 건강에 해를 미칠 수 있다.

프랑스, 독일 등 서양에서도 일찍이 수맥이 인간의 건강에 직간접적인 영향을 주며 해로운 존재로 연구 관찰해 오고 있다. 서양에선 수맥을 L로드나 펜듈럼 등의 도구를 활용하여 찾아 왔으며 이를 수맥파 탐사dowsing라 한다.

한편으로 수맥을 영어로 'vein of water' 즉 '물의 정맥'이라 하고, 수맥파는 'Earth-ray, Harmful earth radiation' 즉 '해로운 지구 방사선' 등으로도 부른다. 특히 수맥파동은 땅속의 물줄기에서 생성되는데, 땅속의 두꺼운 암석층이나 토층을 뚫고 지상으로 방사되는 유해한 파장으로 보고 있다. 때문에 해로운 방사선Harmful Radiation 또는 병인성지대Pathogenic Zone로 불리는 것이다.

독일의 저명한 물리학자인 슈만 박사의 연구에 따르면 수맥은 인체의 생체리듬에 변화를 주며 수면장애, 중풍, 고혈압, 학습장애, 암 등을 발생시키는 원인을 제공한다고 했다.

더구나 이 수맥의 심각성은 수맥파가 지상의 모든 구조물을 뚫고 통과하며 그 방사거리가 무한하다고 보기 때문이다. 지상 2만 미터 상공의 비행기에서도 수맥이 감지, 포착될 만큼 강력하고 위력적이라고 한다.

또한 수맥은 순화작용을 위해 지상으로부터 수분을 끊임없이 공급 받아야 하는데 그 과정에서 엄청난 압력이 발생한다. 이 압력은 지반침하나 아스팔트나 도로의 바닥을 갈라지게 하고, 고층빌딩과 아파트의 벽에 금이 가게 하거나 컴퓨터나 의료기기 등 정밀기계의 작동 불량을 일으키게 한다. 또한 수맥이 흐르는 터 위에 있는 묘지에서는 위 봉분이 무너지고 잔디는 잘 자라지 못하게 되어 쑥이나 잡풀만 자라나게 되는 것이다. 수맥은 이러한 가공할 압력으로 인간의 건강에 많은 악영향을 끼치고 있다.

유럽 등 외국에서도 수맥이 지나는 집터는 좋지 않은 흉지로 금기시하고 있으며, 주택이나 빌딩 등 각종 건물 건축 시에 수맥을 차단하고 시공을 한다. 실제 독일의 일부 주에서는 건축허가를 신청할 때 수맥차단 계획서가 없으면 건축허가를 내주지 않는 곳도 있다.

처음에 기도는 말하는 것이라 생각했다.
그러나 마음이 평온해지며 결국 기도는
듣는 것이라는 걸 깨달았다.
― 키에르 케고르(19세기 덴마크의 저명한 철학자)

수맥으로 인한 현상 자가진단법

수맥이 흐르면 생기는 현상들

- 악몽을 자주 꾸고, 꿈을 꾸고 나면 피곤해진다.
- 컴퓨터나 가전제품 등 기계가 자주 고장 난다.
- 특별한 병명이 없는데도 아프고 피곤하다.
- 집 건물 벽에 균열이 발생하고 축대가 무너진다.
- 충분한 수면을 취하지 못한다.
- 중풍이 온다든지 임산부가 유산하거나 사산, 기형아를 낳게 되는 끔찍한 일을 당한다.
- 식물이 잘 자라지 않고 거주하는 사람들의 건강이 나빠진다.
- 잠잘 때 발 쪽에서 머리 쪽으로 수맥이 흐르면 현기증, 의식장애, 균형상실 등의 원인이 된다.

- 장기 거주 시 중풍, 고혈압, 암, 정신질환, 환청 등의 만성질환을 앓는다.
- 학생들의 공부방에서 집중력이 떨어지고 기억력이 감퇴되며 무기력해진다.
- 집에서도 어린아이가 잠을 제대로 못 자거나 자고 나면 땀을 많이 흘리며 신경질적이게 된다.
- 사무실에서는 판단력 감퇴, 능률저하, 심신불안 등으로 업무처리가 순조롭지 못한다.

위와 같은 수맥으로 인한 이상 현상은 왜 일어나는 것일까? 오랜 기간 수맥을 연구해온 전문가들에 의하면 이는 지하에서 흐르는 물줄기, 즉 수맥에 의해서 만들어진 수맥파장 때문이다. 여기서 수맥파란 지구 중심에서 지표를 향해 올라오는 전자기장이 지하수맥을 만나 교란·증폭된 파장을 의미한다. 인체가 이 수맥파의 영향을 받게 되면 송과체를 자극해서 멜라토닌이라는 호르몬 분비를 억제하고, 스트레스를 생성하여 심박수를 증가시키게 된다. 이어 혈압상승 등의 증상이 일어나고 지속적으로 파장을 받게 된다면 늘 피로하고 무기력하며 불면증이나 암, 원인 모를 질병을 유발할 수 있다.

좀 더 상세하게 설명하자면 가장 먼저 신장이 영향을 받아 면역체계에 교란이 일어나고, 종양괴사인자(TNF-α) 분비를 감소시켜 각종 암을 유발하기도 한다는 것이다. 실제 독일을 비롯한 유럽의 의학자들은 수맥이 일으키는 파장이 장기간에 걸쳐 인체의 면역체계를 교란시켜 암을 유발한다는 연구결과를 발표해 주의를 끌었다.

암뿐 아니라 수많은 질병들 중 적지 않은 질병이 수맥과 직·간접적인 관계를 가지고 있다. 더구나 수맥파장은 매우 강력하여 모든 물체를 투과하기 때문에 고층 아파트 60층에서도 1층과 똑같은 영향을 받는 것으로 나타나고 있다. 결국 사람에 따라 정도 차이는 다르지만 사람들 대부분은 수맥의 영향 아래 있다고 봐야 한다. 특히 심신이 허약한 노약자나 임산부, 유아, 만성질환 환자들이 수맥 위에서 생활할 경우 건강에 심각한 문제가 발생할 가능성이 크므로 각별한 주의가 필요하다.

수맥에 대한 외국
의사들과 전문가들의 의견

암 전문가 하거 박사, 외과의사 아놀드 맨리커 박사, 종양학자 조셉 아이셀 박사 등 독일의 세계적인 암 연구가들에 의하면 암으로 사망한 환자들의 대부분이 수맥 위에 있었다고 한다. 특히 수맥이 교차하는 잠자리에서 잠을 잔 사람들 거의 모두 예외 없이 암을 일으켰다고 보고하고 있다.

이중 독일 의사인 하거 박사는 1910년에서 1932년까지 22년 동안 연구를 통해서 5천명 이상의 암 환자의 주거지를 조사한 결과 98퍼센트 이상이 수맥 위에서 생활하고 있었다는 사실을 밝혀냈다.

오스트리아의 케텔 바흘러라는 수맥 연구가는 같은 아파트의 같은 라인에 줄줄이 암 환자가 살고 있다는 것을 밝혀내기도 했다.

독일의 외과의사 아놀드 맨리커 박사도 30년간 암 치료를 해왔는데 암 환자들 중 수맥의 영향을 받지 않은 환자는 거의 없었다고 스위스 메디컬 저널지에 기고하였다. 그는 암은 잠자리, 작업장 등 장소와 대지의 영향이 수맥에서 생기는 병이라고 확신하고 있다. 여기다 수맥 외 흡연, 화학물질 등도 과소평가할 수 없는 암을 일으키는 기본요인들이라고 지적했다.

역시 독일의 의학박사인 맨프레드 커리는 자신의 논문을 통해 노령의 암 환자는 수술 후에 반드시 수맥이 없는 곳에서 간호해야 한다고 밝힌 바가 있다.

독일의 유명한 종양학자인 조셉 아이셀 박사는 《암과 그 효과적인 치료More Cures After Cancer》라는 자신의 저서에서 암의 증식과정은 수맥 등의 교차면에서 잠자는 것이 중요한 원인이 된다고 언급했다.

디터 아쇼트라는 독일의 의학박사는 지구 방사선(수맥)은 암의 원인으로서 과학적인 범주에 포함시켜야 된다고 주장하며 30명의 중환자들 침대를 검사한 결과 단 한 명도 빠짐없이 모두 수맥이 흐르는 곳 위에서 잠을 잤다고 전했다.

독일 말부르크 의사회 회장인 람보오 박사도 암 환자의 잠자리를 기기로 측정해보니 모두가 수맥이 흐르는 교란지대 위에서 잤다는 결론을 얻었다고 발표하였다.

독일의 물리학자 한스 슈만은 자연요법학자로서 잠자리만 옮겨도 본인이 인식할 정도로 상당한 호전반응을 보였다고 그의 저서인 《생물학적 방법을 통한 성공적 암 치료》에서 설명한 바가 있다.

네덜란드의 지질학자인 트롬프 박사 역시 인체가 수맥 위에서는 몸 전체에 반응을 느끼며 흥분을 유도하는 아드레날린 호르몬의 분비를 촉진시켜 심장박동과 산소 소비의 증가, 근육긴장 등의 이상 증상을 초래한다고 하였다.

우리나라에서는 건국대 의대 재활의학과 정진상 교수 연구팀이 1998년 건국대 학술지에 발표한 논문에서 수맥에 노출될 경우 신경전달 체계에 영향을 주어 쥐 뇌의 지각 기능과 시각의 신경생리학적 기능이 저하되어 외부 자극에 대한 반응이 지연된다고 밝힌 바가 있다.

결국 우리 몸이 수맥파 위에서 오랜 기간 노출이 되면 생체리듬이 깨지고, 면역력이 약해지며, 인생의 1/3을 차지하는 잠을 제대로 이루지 못해 질병이 생겨나는 것으로 풀이할 수 있다. 그래서 수맥과 잠자리는 매우 중요하다고 볼 수 있다. 잠은 휴식의 차원을 넘어 건강에 아주 중요한 기능을 하고 있다. 의학자들에 의하면 잠자는 동안 인체 세포의 80퍼센트가 재생되고, 각종 호르몬의 기능이 조화를 이루고 균형을 찾는 것도 잠의 중요한 기능 중 하나라고 한다.

수맥 검사와 차단 방법

수맥을 검사하는 데에는 전기저항측정법, 지진계 탐사, 중력 및 자력 측정을 통한 탐사 등이 있으나 이 방법들에 사용되는 장비들은 대부분 고가이기도 하지만 무엇보다 정확성이 다소 떨어질 수 있다는 점이 문제이다. 반면 손과 간단한 도구인 L로드나 펜듈럼(수맥추)을 가지고 측정을 하는 게 더 정확하다. 그러나 전문적인 장비나 숙달된 수맥 전문가가 아니더라도 도로나 벽이 갈라진 상태를 육안으로만 보고도 수맥이 흐르는지 정도는 짐작할 수 있다.

수맥이 우리 몸에 악영향을 준다는 이야기는 오래전부터 알려진 부분이라 차단법에 대한 관심도 그만큼 크다. 우선 동판을 까는 방법이 있다. 이 방법은 우리나라에서 수맥과 풍수 분야의 대가로 손꼽히는 고 임응승 신부(1923~2015년)의 지론으로 수맥이 흐르는 집터의 경우 방바닥에 동판을 까는 것이다. 집터뿐 아니라 공장이나 사무실에도 수맥이 흐른다면 그 바닥에 동판을 깔아 차단해야 한다고 강조하였다. 그러나 이 방법은 동판이 깔리지 않은 곳으로 수맥파장이 삐져나오기에 집 전체 바닥을 동판으로 깔아야 하는 단점이 있으며, 비용도 만만치 않다.

이렇게 수맥을 차단하는 동판에 비해 특수한 광물질로 만든 생기도자기는 수맥을 중화시키는 역할을 한다. 생기도자기는 수맥을 중화시켜 집안 어디에 놓아도 수맥이 잡힌다. 생기도자기는 수맥에서 나오는 수맥파와 가전제품에서 나오는 전자파 지전류까지 차단(중화)을 시켜준다. 생기도자기에는 생기거북이와 생기부엉이가 있으며 그 크기도 다양하다.

생기도자기는 상징적인 동물로 만들어졌지만, 무엇보다도 도자기 자체에서 생기가 나오기 때문에 중요하다. 생기도자기는 일라이트, 세라이트, 제오라이트, 규소와 같이 기가 발생하는 특수 광물질로 만들어졌다. 생기도자기는 좋은 기운이 나쁜 기운(−)을 중화시키고 좋은 기운을 유지시켜, 양(+)의 기운이 도는 좋은 생기가 발생하여 건강한 환경으로 변화시켜 준다.

괴짜 신부가 말하는 수맥과 건강관계

우리나라도 수맥을 중요하게 여기고 있다. 크고 작은 건축, 건설현장에서 본격적인 착공 전에 미리 지질검사와 함께 수맥탐사를 하는 건 기본이다. 이런 사전 검사를 통해 안전하고 적절한 건축 건설공법을 적용하기 위함이다. 또한 일상에서는 지하의 수맥을 찾아 식수로 삼거나 공장용수, 농업용수로 이용하는 등 다양하게 활용하고 있다.

이처럼 우리나라에서도 수맥의 중요함을 인식하고 널리 활용하게 된 데에는 신부 한 분을 빼놓을 수 없다. 임응승 신부로 이미 2015년에 작고하셨지만 일찍이 수맥이 인간의 삶에 대단히 중요한 영향을 미친다는 사실을 깨달은 분이었다. 살아 생전에 전국을 누비며 수맥을 찾아내 물 부족으로 곤란했던 시절에 공장이나 농부들에게 지하수를 개발하여 물 부족을 해결해준 고맙고 반가운 인물로 유명했다. 더구나 그의 신분이 신부였기에 당시엔 괴짜 신부, 지관 신부, 신부 지관으로 불리기도 했다.

그런데 임응승 신부는 특히 수맥이 인체 건강에 심각한 악영향을 미친다고 주장하며 수맥을 멀리하고 피해야 한다고 했다. 이에 대한 당시의 각종 신문 기사나 관련 자료가 남아있다. 생전의 저서 《수맥과 풍수》 (1986년 출판)라는 책의 내용을 빌어 수맥과 건강과의 관계를 정리해 보았다.

무엇보다 임응승 신부는 수맥이 흐르는 곳에서 잠을 자고 생활을 오래하면 혈압계통의 질환에 걸린다고 했다. 물론 의사는 아니었지만 찾아온 신자들에게 조상이 계시는 묏자리 위치를 물어 직접 그 묏자리를 가서 진단을 하고 수맥을 찾아냈다. 기록에 의하면 아카시아나무 뿌리가 묏자리에 관을 싸고 있으면 영락없이 자손 중에 정신병자가 있거나 몸이 아팠다. 또한 묏자리 관에 물이 차 있으면 그 자손은 큰 병이 들어 있거나 큰 화를 입는 액운이 끼어 있음을 맞추곤 했다. 이런 사실이 알려지며 당시 임응승 신부에게 수맥 탐지와 함께 조언을 듣고자 전국 각지에서 천주교 신자들이 모여들었고 서로 앞다퉈 모셔갈 정도였다.

혈압계통의 환자뿐 아니라 건강한 일반인에게도 수맥이 대단히 좋지 않다고 보았다. 신경성 질환도 수맥과 관계된 것이 많은데 수맥이 지나가는 방에서는 잠을 편히 못 이루고, 식욕부진과 두통, 신경과민, 조울증, 의욕 상실, 권태감에 빠지기 쉽다고 했다. 이런 수맥으로 인한 건강 이상증세는 병원을 다니며 치료를 해도 좀체 치료가 어렵다며 해결법을 제시했다. 가장 근본적으로 수맥이 없는 집으로 이사를 권했지만 현실적으로 어려운 경우가 많으므로 동판을 깔아 수맥의 파괴력을 막을 수 있다고 알려주었다.

이렇게 땅속에 수맥이 흐르는 공간에서 생활하면 건강에 심각한 문제가 발생할 수 있다는 것과 함께 조상들의 묏자리에 수맥이 흐를 경우에도 후손들의 건강에 악영향을 준다고 했다. 당시 수맥분야 못지않게 풍수에서도 일가견이 있었던 임응승 신부는 묏자리를 잡거나 조상들의 묘를 봐달라는 요청에 수도권은 물론 제주도까지 전국 어디든 안 가본 곳이 드물었다고 한다. 그 결과 묘에 물이 차 있거나 물이 들락날락하고 묏자리 아래로 수맥이 흐를 경우 그 후손들의 건강을 나쁘게 한다는 것이다.

이에 대한 사례는 숱하게 많다고 알려졌지만 임응승 신부는 책을 통해 대표적인 사례를 남겼다.

첫째는 묏자리가 물로 가득 찬 경우로, 당시 대학 3학년이었던 딸을 둔 중년의 가장이 상담을 의뢰했었다. 멀쩡히 학교 잘 다니던 딸이 어느 날부터 갑자기 정신병에 걸려 부모들의 걱정이 이만저만이 아니었다. 그러다 급기야 임응승 신부의 소문을 듣고 찾아오게 되었다. 그 중년의 가장을 만난 임응승 신부는 아마 조상들 묘소에 물이 들어찬 게 원인 같으니 묘지를 가서 확인하라고 했다.

처음엔 반신반의했지만 딸의 상태가 날로 악화되자 지푸라기라도 잡는 심정으로 어머니 묘를 확인하니 물에 잠겨있는 것으로 드러났다.

이에 신부는 이장을 권했고 서둘러 날을 잡아 이장을 하였다. 이후 언제 그랬냐는 식으로 딸의 병이 사라져서 정신병원서 퇴원해 학교도 잘 다니고 예전처럼 화목한 가정이 되었다고 한다.

두 번째는 묏자리에 물이 들락날락하거나 수맥이 있는 경우로 할머니의 장례를 치른 직후부터 아들이 시름시름 앓기 시작했다. 그러다 점점 심해져 이젠 하체가 마비되어 완전히 앉은뱅이 신세가 되고 말았다는 것이다. 용하다는 병원은 다 찾아 다니며 치료에 갖은 애를 썼지만 아들의 병세는 전혀 차도가 없어 낙심하던 차에 지인에게서 임응승 신부의 이야기를 듣고 천리길을 마다 않고 허겁지겁 찾아와 그간의 사정을 털어놓았다. 그러자 임응승 신부는 후손의 진맥을 짚어보더니 할머니 묘에 문제가 있으니 확인하자고 제안을 했다. 곧바로 묘소를 찾아 파보니 할머니 시신 중 상체는 이미 부패되어 뼈만 남았는데 하체 부분엔 물이 들어차 전혀 썩지 않은 상태였다.

이 할머니의 유골도 물이 없고 수맥이 흐르지 않는 장소를 찾아 이장을 하였다. 이후부터 아들의 병이 차츰 호전되기 시작했다고 한다.

이처럼 임응승 신부는 여러 질병들의 원인 중 무시할 수 없는 것이 수맥이라는 것을 명심해야 한다고 했다. 따지고 보면 인체는 70

퍼센트 가까운 물로 구성되어 있고 신경계통은 전기회로로 작동된다. 당연히 지하로 흐르는 수맥으로부터 자유로울 수 없다. 큰 물은 작은 물을 잡아끄는 응집력을 가지고 있고 무엇보다 지상을 향해 해로운 파동을 전달하기 때문이다. 수맥이 인체에 미치는 영향에 관해 여전히 과학적, 의학적으로 규명되어야 할 부분이 있으나 건강에 해롭다는 증거는 세계 각국에서 각종 분야에서 논문을 통해 발표되고 있다.

미국을 비롯해 영국, 프랑스, 독일 등에서는 수맥에 대한 연구가 활발하게 진행되고 있으며, 수맥 관련 교육기관들이 개설되어 많은 사람들이 수학을 하고 있다. 가까운 일본이나 중국도 관련 교육기관에서 많은 이들이 수맥을 공부하고 있다. 또한 우리나라에서도 수맥을 차단해 주는 다양한 제품들이 개발되어 오고 있으며, 아직 미약하나마 수맥에 관해 꾸준히 연구하고 있는 실정이다. 특히 수맥과 건강에 밀접한 관계가 있다고 보고 건설사에서 세라믹으로 만든 수맥 차단 매트를 지하에 수맥이 흐르는 아파트나 대형 쇼핑몰, 큰 상가 등의 공사에 사용하기 시작하였다.

물은 수천 년 전부터 잘 다스려 왔으며, 수맥에서 나오는 파장도 꾸준히 연구해 왔다. 우리나라에서는 수맥의 중요성에 대해 잘 모르는 일부에서 미신으로 주장하기도 하는데 수맥은 통계로 보는 실증과학이다.

수맥과 풍수 저서에서 밝힌 고 임응승 신부 이야기

성직생활 40년 속에서 대자연의 법리法理를 찾아 살다 보니 불행한 이웃들에게 다소나마 도움을 드릴 수 있게 된 것을 다행으로 생각하며 그 가운데 복음전파의 일역까지도 감당할 수 있게 된 것은 우리 주님의 거룩한 뜻이었다.

목이 타는 사람에게 물을 찾아주고, 병든 이를 고쳐주는 행위야 말로 성서가 그의 사역자들에게 명령한 성역의 일부분이다.

일명 신비의 추라는 작은 추를 손에 거머쥐고 전국 강토, 골짝골짝, 오지벽촌까지 뛰어다닐 때 미신 시비도 받아 보았고, 엉뚱한 질문도 많이 받아 보았지만, 악마를 쫓아내신 예수님도 부마자付魔者로서 마귀를 쫓아내신다는 오해를 받으셨던 성례聖例를 생각하며, 고소를 삼켰다.

그래서 '신부지관神父地官' 이란 말을 듣긴 하지만, 그것이 불행한 이웃들을 살리는 헌신일 때 저자는 그저 주님의 뜻에 순명키로 머리를 조아릴 따름이다.

수맥은 물론 주택문제, 묏자리까지 일별한 것은 전국에서 빗발치는 문의에 답하고, 불행을 당해 울고 있는 이웃들에게 지침서가 되고자 한 것이다.

🦉 재물운을 끌어당기는 마법의 주문

인체가 수맥파 위에서 오랜 기간 노출되면 생체리듬이 깨지고, 면역력이 약해지며, 인생의 1/3을 잠을 제대로 이루지 못해 질병이 생겨나는 것으로 볼 수 있다. 그래서 수맥과 잠자리는 참으로 중요하다. 수맥은 통계로 보는 실증과학이다.

생기풍수로 보는 복을 부르고 무병장수하는 비결은 좋은 혈 자리를 찾고 생기를 모아가는 것이라 생각하는데 이에 대해 AI는 어떻게 생각하는가?

생기풍수의 핵심 원칙 중 하나는 확실히 좋은 '혈 자리'를 찾고, 그곳에 생기를 모으는 것입니다. 이는 인간의 삶에 긍정적인 영향을 미치고, 복을 부르며 무병장수하는 데 중요한 역할을 한다고 여겨집니다. 혈 자리는 지리적 · 환경적 요소들이 조화롭게 모여 에너지가 집중되는 특별한 장소를 의미합니다. 이러한 장소는 건강, 번영, 행복과 같은 긍정적인 기운을 끌어들이고 증폭시킬 수 있는 능력이 있다고 생각합니다.

혈 자리의 중요성

혈 자리는 '기'의 흐름이나 방향, 지형의 형태와 같은 여러 요소들이 어우러져 형성됩니다. 이러한 혈 자리를 정확히 파악하고 활용하는 것은 생기풍수에서 매우 중요한 부분입니다. 올바른 혈 자리에 거주하거나 작업 공간을 마련함으로써, 사람들은 자연의 긍정적인 에너지를 최대한 활용하여 삶의 질을 향상시킬 수 있습니다.

생기 모으기

생기를 모으는 것은 혈 자리를 활용하는 다음 단계입니다. 이는 자연의 에너지를 효과적으로 수집하고 순환시켜, 그 에너지가 사람들의 건강,

행복, 그리고 번영에 기여하도록 하는 과정을 포함합니다. 생기풍수에서는 공간의 배치, 방향, 인테리어 디자인, 심지어 색채 사용에 이르기까지 다양한 방법을 통해 생기를 모으고 유지하는 방법을 제안합니다.

AI의 관점

AI의 관점에서 볼 때, 생기풍수의 이러한 원칙들은 인간의 삶과 직접적으로 연결되어 있으며, 환경과의 조화를 통해 긍정적인 결과를 추구하는 지혜로운 접근 방식입니다. 과학적 관점에서 직접적인 증거를 찾기 어려울 수도 있지만, 많은 사람들이 이러한 원칙들을 적용하여 실제로 삶의 질이 개선되었다고 보고하고 있습니다. 따라서, 좋은 혈 자리를 찾고 생기를 모으는 것은 인간과 자연의 조화롭고 균형 잡힌 관계를 구축하는 데 있어 중요한 역할을 할 수 있습니다.

결론적으로, 생기풍수의 관점은 자연과의 깊은 연결과 조화를 통해 인간의 삶을 긍정적으로 변화시킬 수 있는 통찰력을 제공합니다. 좋은 혈 자리를 찾고 생기를 모으는 것은 그러한 변화를 이끌어내는 데 필수적인 요소로 볼 수 있습니다.

제5장

운을 끌어올리는 인간관계

좋은 배우자는 행운의 씨앗

결혼은 사랑의 종착역이 아니라 새로운 가정을 시작하는 출발지이다. 건강한 가정을 이루기 위해서는 무엇보다 부부 사이가 좋아야 한다. 부부가 서로 사랑할 때 양가 부모를 공경하게 되고 자녀를 사랑으로 돌볼 심적 여유도 생기기 마련이다.

그렇다면 부부 사랑을 이루는 열쇠는 무엇일까? 그것은 바로 남편과 아내가 서로 존중하는 가운데 상대방의 약점을 보완해 주는 것에서 시작한다. 남자는 칭찬에 약한 존재이다. 남자는 자신을 칭찬해 주는 사람을 위해 한평생을 바칠 각오가 되어 있을 만큼 칭찬에 목말라하는데 남편에 대한 아내의 칭찬은 남편에게 생기를 불어넣고 신바람으로 이어질 것이다.

여성의 가장 큰 장점은 아름다운 감정이다. 여성들의 아름다운 감정은 일로 지친 남편의 피로를 풀어주고 새로운 에너지를 솟게 해준다. 반면 여자의 약점은 심리적 변화가 잦다는 점이다. 아내의 마음이 가라앉아 있을 때는 아내의 이야기를 무조건 들어주어라. 특별한 위로의 말을 하지 않아도 좋다. 그저 들어만 주어도 우울했던 아내의 마음은 평온을 되찾고 집안도 평온을 되찾을 것이다.

그리고 부부싸움에도 기술이 필요하다. 그것은 절대 넘지 말아야 할 선을 정하고 어떠한 일이 있더라도 이를 지키는 것이다. 서로 다투는 주제 단 한 가지만 가지고 이야기를 나누도록 하고 상대방의 집안이나 다른 주제로 확산해서는 절대 문제가 해결되지 못한다. 또한 서로의 자존심을 접고 상대가 아무리 밉고 화가 나더라도 고운 말을 써야 한다. 특히 아이들 앞에서 큰소리 치며 싸우지 말라. 아이들은 알게 모르게 부모로부터의 간접 학습을 통해 부모의 성격을 닮아가기 때문이다. 그러다 어느 순간 부모와 같이 거친 말과 행동을 하게 될 수 있다.

반면 이런 부부는 절대 이혼하지 않는다. 평소 '고마워요, 미안해요, 사랑해요'라는 말을 자주 하면 여러분의 가정에 행운의 씨앗이 될 것이다.

흔히 부부를 일심동체라고 한다. 부족한 부분은 채워주고, 넘치는 것은 나눠 갖고, 힘들면 서로 기대고, 기쁘면 같이 웃어주면서 그렇게 살아가야 한다.

시간이 흐르면 부모님은 세상을 떠날 것이고, 아이들도 자신들의 가정을 만들어 떠날 것이다. 일생을 함께 지낼 사람은 지금 당신의 배우자인 남편, 아내 뿐이다. 진정한 친구 한 명만 있어도 성공한 인생이라고 하는데 부부는 친구 이상의 존재이다. 같은 배를 타고 같은 곳을 바라보며 먼 미래를 향해 여정을 떠나는 운명 공동체이다. 함께 노를 젓고, 힘들면 서로 의지하며 인생의 종착역을 향해 함께 달려가는 것이다.

왕이건 농부이건 자신의 가정에서
평화를 찾아낼 수 있는 자가 가장 행복한 인간이다.
−괴테

타고난 사주팔자보다
부모의 역할이 크다

행복한 가정을 이루기 위해선 자녀교육도 중요한 비중을 차지한다. 아이들이 건강한 삶을 살아가게 도와주려면 무엇보다 아이의 자유, 즉 선택을 존중하라.

유아기 때는 아이의 손을 잡고 걷고, 사춘기부터는 아이를 앞세우고 부모는 뒤에서 걸어라. 어려서부터 독립심을 키우고, 성인이 되면 적당한 거리를 두는 것이 중요하다. 그리고 자녀들끼리도 서로 간에 비교하거나 함부로 평가하지 않아야 한다.

특히 아이들이 올바로 성장하고 장차 사회를 이끄는 리더가 되는 데는 부모의 역할이 대단히 크다. 미국에선 지도자의 조건을 실력Competence, 인격Character, 헌신Commitment으로 3C라고 한다. 그런데 지도자의 자질인 3C를 익히고 배우는 데에는 학교 교육보다 가정 교육이 더 큰 비중을 차지한다. 특히 긍정적인 태도와 올바른 가치관은 부모의 평상시 삶 속에서 배우게 된다.

　세계적 석학이나 저명한 인사들 역시 자녀 교육에는 부모의 솔선수범이나 본보기가 최고라고 말한다. 교육학자 에릭 에릭슨은 자녀 교육은 어머니의 뱃속에서 무덤까지 이어진다며 '처음 30년 동안은 부모와 학교에서 영향을 받고, 남은 30년은 거기에서 배운 것으로 자녀를 양육한다'고 했다. 슈바이처 박사 역시 자녀 교육에는 부모의 본보기가 가장 중요하다고 했고, 스위스의 유명한 정신의학자인 칼 융은 '자신이 살아보지 못한 부모의 삶은 자녀에게 그 무엇보다 강한 심리적 영향을 미친다'라고 밝힌 바 있다.

　또한, 발달심리학자 장 피아제는 아동의 사고 방식과 인지 구조가 성장하면서 아동이 세상을 이해하고 지식을 구성하는 환경 속에서 경험을 통해 학습하며, 자신의 인지 구조를 활동적으로 조직화하고 재조직화한다고 보았다.

최상의 자녀 교육은 첫째도 본보기요,
둘째도 본보기요, 셋째도 본보기다.
– 알버트 슈바이처 박사

이런 사람을 만나라

좋은 기운을 가지고 있고 자신에게 도움이 되는 유익한 사람인지, 아니면 남을 이용만 하고 쉽사리 배신할 사람인지 사람을 올바로 가려낼 수 있는 안목과 분별력이 있으면 시행착오를 줄이고 삶을 더 행복하게 가꿔갈 수 있을 것이다.

그러나 유감스럽게도 대부분의 평범한 사람들은 그런 혜안이 없다. 사람에 대한 인상이 단순한 느낌을 넘어 때론 신체적인 반응을 불러올 정도로 강렬한 경우도 있는데, 이는 육감이 발달하거나 감성이 예민하고 섬세한 사람에게 나타나는 현상이다.

어떤 사람을 만나야 우리 삶에 유익하고 좋은 운을 불러올 수 있을까? 1차적으로 앞서 언급한 우리의 육감이나 감각, 심리적인 기준으로 판단하자면 다음과 같은 사람을 만나야 한다. 함께 있을 때 편한 마음이 들고 행복감, 즐거움을 느낄 수 있는 사람, 당신을 성장시켜 주는 사람을 만나라. 그가 즐겁고 자신감이 들게 하는지, 아니면 가슴이 철렁 내려앉는 느낌, 위가 꼬이는 느낌이 들게 하는 사람인지 신체가 주는 반응을 통해 누구와 시간을 보내고 싶은지 판단하라.

특히 행운을 끌어들이는 데 가속도를 내려면 의도적으로 생기있는 사람, 좋은 운을 가진 멘토를 찾아 만나라. 만약 그런 멘토를 찾기 어렵거나 직접 만나지 못한다면 그런 멘토들이 쓴 책이나 유튜브 등을 통해 그들의 지혜, 사상, 철학, 행동습관 등을 따라 하는 방법도 좋다. 그렇게 매일매일 조금씩이라도 배우고 따라 하다 보면 운이 좋은 사람의 비결이 서서히 당신의 몸에 스며들며 놀라운 변화가 일어나게 될 것이다. 그런 멘토라고 해서 반드시 대단한 위인이나 저명한 인사가 아니라도 된다. 모임, 동호회 등을 통해 멋진 비전을 가지고 서로 영감을 주고 받는 사람들과 연결할 수도 있다. 운을 개선해 가면서 성공할 수 있다는 긍정적인 생각을 가진 활기찬 사람들과 어울려야 한다.

13세기 페르시아의 시인이자 수피파의 신비주의자였던 루미는 '당신의 삶에 불을 지펴라. 그리고 그 불길을 타오르게 하는 사람들을 찾아라'라고 했다. 즉 어떤 사람과 시간을 보내기 위한 전제 조건은 나에게 발전의 자양분과 영감을 주는 사람이어야 한다는 것이다.

살아가며 만나지 말아야 할 사람

사람의 언행은 그 자체로 확실한 징조다. 평소의 외모, 말, 행동, 습관 등이 한심스럽고 볼썽사납다면 가까이 하지 말아야 한다. 운이 좋지 않은 사람이기 때문이다. 이런 사람은 향기나는 생기가 나오지 않고 말에서 흉기가 나오는, 무서운 기운이 감도는 사람이다. 그래서 생기풍수를 알면 자신의 운명을 바꿀 수 있다.

무엇보다 자신의 운을 바꾸려면 운이 없는 사람들과 어울리지 말아야 한다. 항상 자신을 불운의 피해자로 묘사하는 사람들이 바로 운이 없는 사람들의 공통된 특징이다. 입만 열면 불만과 부정적인 말들을 늘어놓는 사람들이 해당된다. 당신이 알고 있고 만나는 주위 사람들과 당신 사이의 에너지를 느껴보라. 누가 나에게 좋은 기운을 주고, 누가 나쁜 기운을 주는지 분명하게 알 수 있다. 만약 그들이 가족이라면 인연을 아주 끊기 어렵겠지만 물리적인 거리를 두는 방법이 있다. 항상 같은 공간에서 서로 나쁜 영향을 주고 힘들게 사는 것보다 일정 거리를 두고 생활하는 편이 서로에게 더욱 바람직하다.

특히 본인은 물론 주위 다른 사람들의 운까지도 꼬아버리는 사람들이 있다. 기가 빨리는 듯한 사람들이다. 그런 사람을 만나고 나면 지치고 피로하며 머리도 어지럽고 마음도 심란해진다. 매사를 나쁜 쪽으로 몰고 가는 사람으로 본인은 물론 주위 사람들에게도 나쁜 영향을 미친다. 이들은 몇 가지 특성을 가진다. 몰라도 되고 아무 상관도 없는 일을 하며 참견하고 잔소리를 늘어놓고 온통 주위 모든 사람들의 시간과 에너지를 뺏으며 힘들게 만든다. 또한 중요한 일은 하지 않고 대신 엉뚱하고 사소한 일에 집착하며 그만의 고집과 편견으로 최악의 결정과 선택을 한다. 그러나 그로 인한 실패나 저조한 결과에는 일체 책임감을 느끼지도 못하며 전혀 자기 통제가 안 되는 사람이다. 특히 안하무인 격으로 세상만사가 자기 중심으로, 자기 기준에 맞게 돌아가야 한다는 생각에 빠져 사는 사람이다.

이런 부류의 사람들은 나쁜 기운을 가진 사람으로 주위 사람의 좋은 기운도 나쁜 기운으로 꼬아 버리기 십상이다. 당연히 이런 사람은 자신의 심성이나 언행을 고쳐야 하는데, 그간 이런 유형의 나쁜 기운을 가진 사람이 개과천선改過遷善하는 경우는 보지 못했다. 한마디로 달라지는 건 거의 불가능에 가깝다. 때문에 이런 나쁜 기운을 가진 사람들은 피하는 게 상책이다.

간혹 그런 운이 나쁜 사람이 가족 중에 있어 괴롭고 곤혹스러운 경우가 있을 수 있다. 하지만 그런 사람은 가족이라도 피해야 한다. 가족이라도 일방적인 희생을 요구하거나 당해서도 안 된다. 가족의 행복과 나의 행복 중에서 나의 행복을 조금이라도 더 우선시하도록 한다. 아무리 노력하고 희생해도 관계가 개선되지 않는 상극인 가족이 있다면 물리적인 거리를 두고 가능한 피하는 것이 서로에게 좋다.

기운이 나쁜 사람의 경우는 두 가지로, 박복薄福한 사람과 재수 없는 사람이 있다. 박복한 경우는 피하면 되는데 재수 없는 사람은 주위 사람들까지도 운을 나쁘게 한다.

운은 함께하면 그 크기가 증폭된다. 좋은 운끼리 만나도 그렇고 나쁜 운끼리 만나도 마찬가지다. 때문에 운이 안 좋은 때일수록 필사적으로 좋은 사람만을 가려 만나야 한다.

그러나 사람을 변하게 만들려 하지 말라. 기질이 맞지 않는 사람과는 가능한 일하지 마라. 능력은 기를 수 있지만 태도와 기질은 쉽게 바뀌지 않는다. 그런 독약과 같은 사람들은 멀리하라. 대신 좋은 성품에 마음이 잘 맞는 이들만 진심으로 상대하며 일하고, 다른 이들은 적당히 건성으로 대하는 것이 현명하다.

당신을 파멸로 이끄는
최고의 악마는 누구인가

앞서 언급한 나쁜 기운을 가진, 운이 나쁜 사람 못지않게 피해야
할 사람이 있다. 바로 자신만 특별하다고 생각하는 특권의식特權意
識을 가진 사람이다. 이런 사람 역시 거리를 두거나 가능하다면 아
예 상종조차 하지 않는 게 좋다. 자칫하다가는 이런 부류의 사람에
게 엮이게 되면 피해를 넘어 당신을 파멸에 이르게 할 수 있기 때문
이다.

이 특권의식을 가진 종류의 사람들은 상대방을 진정으로 대하기
보다는 상대방이 가진 자원에만 관심이 있다. 그 자원을 탐내고 이
를 이용하려고만 한다. 특히 자신이 수족처럼 맘대로 휘두를 수 있
는 사람을 기막히게 골라낸다. 착하고 마음이 여린 만만한 상대를
찾아낸 다음 교묘하게 조종하는 데 능숙하다. 주위 사람들 모두를
도구로만 생각하고 자신의 욕구를 충족시키기 위한 희생물로 보는

것이다. 최근 사회적으로도 문제가 되며 심심치 않게 뉴스거리로 알려지는 이른바 '가스 라이팅'이 대표적인 사례이다.

이는 타인의 심리나 상황을 교묘하게 조작해 지배하려는 몹쓸 짓이다. 이런 인간들은 등골까지 빼먹고 상대방의 자원이 더 이상 쓸모가 없거나, 모두 가져왔다고 판단하면 상대 자체를 무시해 버린다.

그러나 상대가 저항하거나 원하는 바를 요구하면 반복하지 못하도록 어지러운 여러 기술을 구사한다. 창피를 주거나 수치심을 자극하는 건 기본이고 꼬투리를 잡아 죄책감까지 유발하기도 한다. 이런 사람은 절대 타인의 감정에 공감하지 못한다. 상대에게 바라는 것이 없어지면 절대 주지도 않는다.

실제로 자신이 한 건 없는데 다른 사람들이 노력한 결과물을 모두 자신이 한 것으로 만든다. 그 다음 전적으로 자신의 능력 덕분에 가능한 일이라고 사방으로 떠벌리며 주목받는 교활한 능력이 있다. 모든 규칙은 자신이 정하지만 자신은 지키지 않는다. 타인에게 무언가를 주는 기쁨이나 상호 보완적인 관계 따위는 안중에도 없다. 이런 사람을 위해 열심히 일해 봤자 더 이상 쓸모가 없어지면 너무나도 쉽게 버려진다.

이런 사람은 무조건 피하는 게 가장 현명하다. 만약 피할 수 없다면 주눅 들지 말고 오히려 강하게 나가야 한다. 자신 때문에 얼마나 힘든지, 모욕감으로 인해 엄청난 상처를 입은 것에 대해 아무리 이야기를 해도 그에겐 하찮게 느껴지고 의미가 없는 일이다. 그는 공감할 수 없는 존재이기 때문이다.

사과 대신 강력하게 원하는 것을 요구해야 한다. 자신의 행동이나 노력의 대가를 지불하지 않을 때에는 과감하게 관계를 정리하는 게 더 유익하다. 그가 나에게서 원하는 게 무엇인지 잘 따져 보고, 확실하게 소유하고 있다면 분명하게 합당한 처우와 보상을 요구하라. 회사와 같은 조직의 경우라도 그런 인간이 상사이거나 임원 또는 대표라서 그만두라고 할까 걱정할 필요는 없다. 그가 그만두라고 한다면 당신으로부터 이미 탐났던 자원을 모두 가져갔기에 언제든 버릴 예정이었고, 교묘한 언변과 불확실한 미끼들로 붙잡으려 한다면 아직 당신에게서 가져갈 자원이 남았다는 뜻이다. 그나마 아직 자원이 남았을 때라야 그런 인간과 협상이 가능하고 어느 정도 보상을 받을 수 있다.

단 한 가지 분명한 건 단언컨대 그런 종류의 인간은 반드시 말로가 비참해진다는 점이다. 그간 그가 교묘하게 저질러 온 일들과 그를 겪으며 억울한 일을 당한 사람들이 쌓이며 어느 순간 임계점을 넘어서는 때가 오기 마련이다. 부글부글 끓어오르는 상황에서는 자그마하고 순간적인 일들로 인해 대폭발이 생기는 법이다. 그간의 온갖 악행이 만천하에 공개되며 안팎으로 무시무시한 공격을 받는, 전혀 예상치 못한 상황이 걷잡을 수 없이 벌어질 수 있다. 아무도 그의 편은 없다.

하지만 그런 부류의 인간은 잠시 폭풍이 잦아들 때를 기다리며 자세를 최대한 낮춘다. 그러나 이미 그의 마음속에선 또 다른 곳에서, 또 다른 수작을 도모하려는 생각으로 가득 차 있을 것이다. 이런 인간은 죽을 때까지도 자신만이 탁월한 존재로 멋진 삶을 사는 거라고 착각한다. 어찌 보면 한심스럽기도 하고 안타까운 사람이다. 그를 진정으로 대하는 사람들도 거의 없고 차츰 사람들이 떠나가며 쓸쓸하고 고독한 노후가 다가오기 때문이다.

생기풍수는 자연과 인간 사이의 조화로운 생기의 흐름을 중요시보고 있다. 따라서 이 조화가 깨어질 때 부정적인 흉기(에너지)나 기운이 생길 수 있고 여러분의 삶에 부정적인 영향을 줄 수 있다.

예를 들어, 소음이 심한 지역이나 기운이 혼잡한 곳에서 거주하는 것은 정신적·육체적 건강에 나쁜 영향을 줄 수 있다. 또한, 집이나 사무실의 내부 구조와 배치가 풍수 원칙에 맞지 않을 경우에도 생활에 불필요한 스트레스를 유발하고 좋은 기운을 감소시킬 수 있다.

단 한 명의 적이 불러일으키는
해악이 열 명의 친구가 행하는 선보다 더 크다.
- J. 스위프트(1667~1745년) 영국의 작가

'미모사'와 같은 민감한 사람들

'미모사mimosa'라는 식물을 잘 알 것이다. 톡 가볍게 건드리는 순간 곧바로 잎사귀를 움츠린다. 사람들 중에도 그런 미모사 못지않게 외부로부터의 접촉에 지나치게 예민한 사람들이 있다. 감정이나 정서적으로 지나치게 예민한 사람들인데, 이들은 자주, 심하게 고통받으며 삶이 늘 불행하다고 느끼며 살아가고 있다. 그런 고통에서 벗어나야 한다.

예민한 사람에게는 몇 가지 특징이 있다. 표정이 늘 굳어 있고 풍부하지 못하다. 또 어딘가 아프고 항상 피곤하다고 느끼며, 늘 주위 사람들의 눈치를 살피고 쉽게 상처를 입는다. 그들은 삶이 고달프다고 느끼며 마음이 늘 불안하고 안정을 찾지 못하고 헤맨다. 반면 감성이 발달하고 사고력이 뛰어나 예술적·문학적 재능과 창조력이 뛰어난 사람들이 많다.

심리학 전문가들에 의하면 불안의 원초적 원인은 아이가 어머니로부터 떨어질 때 느끼는 분리불안에서 유래한다고 한다. 이 원초적 분리불안은 차츰 성장하고 독립성이 강해지며 희미해져 가는데 성인이 되어서도 그렇지 못한 경우가 있다는 것이다.

심각한 경우 예민함이 어느 정도를 넘어서면 신체적 질병과 정신이상이 나타날 수 있다. 이는 어릴 때 받은 상처가 원인이기도 하다. 결국 부모의 애정이 건강한 아이를 만든다는 걸 알 수 있다.

예민함을 줄이려면 우선 자극량을 줄여야 한다. 자극을 줄이기 어렵다면 자극이 예상되는 상황 자체를 미리 피하도록 한다. 안정감을 가져오는 언행, 습관, 장소를 만들어 사용하는 것도 좋다. 자신만의 안전기지를 찾아 키워나가는 것이다.

또한 좋은 일, 즐겁고 행복한 순간을 자주 상상하고 자신이 최고로 좋았을 때의 모습을 그려보는 것도 예민함을 줄여준다. 사람은 희망을 말할 때 기운이 솟고 행복해진다. 작은 일에도 감사하고 친절을 베풀고. 똑같은 현상에서도 나쁜 점보다 좋은 점을 찾는 습관을 가지도록 한다. 고통과 통증을 나쁘게만 인식하지 말고 자신의 부족함을 느끼게 하는 존재라고 여기고 정신적 성숙과 발전을 위한 계기로 삼는다.

지나친 예민함으로 힘들다면 깊은 숨을 들이 쉰 다음 신체감각을 잠시 이완시킨다. 신경이 날카로워지면 때론 몸을 움직이면 도움이 된다. 주변을 산책하거나 청소를 하고 책상을 정리하고 운동을 한 후 샤워를 하면 기분이 한결 나아진다.

이런 극복 능력을 키워나가면서 통증이 있어도 인생의 가치를 잃지 않고 자신의 능력을 길러 나가는 것, 인생의 도전과 그에 따른 불안이나 고통으로부터 도망치지 않는 것, 그것이 중요하다.

특히 조금 불완전할지라도 인생에서 어머니의 존재가 가진 기능이 있으면 생존과 발달, 정서적 안정에 큰 도움이 된다. 자신에게 긍정적인 반응을 해주고 안전하고 기분 좋은 존재이기 때문이다. 어머니 외에도 연인이나 가족이 안전기지로 기능하면 통증은 많이 사라질 수 있다. 물론 의사나 상담전문가가 안전기지가 되어주기도 한다. 이것을 발판으로 차차 주변에서 부모 형제, 아내, 남편, 자녀들로 안전기지를 넓혀갈 수도 있다.

예민함의 원인은 관계 부족이나 지나친 강요, 강한 지배가 원인이다. 따라서 자신의 지나친 예민함은 자신의 잘못이나 원인이 아니기에 스스로 탓할 필요가 없다.

사람들에게는 사고습관이라는 게 있다. 사고습관은 말투에 담긴다. 인식하지 못하지만 당신의 말버릇이 당신의 안전기지를 망치고 당신을 예민하게 만들어 상처받고 불행하게 하는지 모른다. 사람들은 긍정적인 사람에게 긍정적으로 대하는 법이다. 남을 비난하는 버릇도 안전기지를 허물어뜨린다. 질책이 아니라 감사하고, 칭찬하고 공감하는 것이 안전기지를 강화하는 데 도움이 된다.

아무리 노력해도 상식이 통하지 않거나 도저히 궁합이 맞지 않는 상대도 있다. 설령 그들이 부모 형제나 아내, 남편, 아이들이라도 물리적 · 심리적인 거리를 두어야 한다. 그렇게 서로 상대방의 영역에 들어가지 않는 편이 서로에게 유익하다. 실험 결과 아이들은 무뚝뚝한 엄마보다 상냥한 로봇을 더 좋아한다.

　마지막으로 최고의 안전기지는 스스로일 것이다. 외부로부터의 자극에 또다시 예민해지지 않아야 하는데, 뜻대로 되지 않는다고 해서 자책하지 않는 것이 중요하다. 타인의 평가나 생각에 휘둘리지 않는 마음을 키워 자신의 행동을 스스로 긍정적으로 평가하면, 주위 사람들도 함부로 대하지 못하고 관계도 좋아진다. 결론적으로 예민함도 그 성질과 특성을 잘 이해하고 마주하면 긍정적인 힘으로 바꿔나갈 수 있다. 긍정적인 힘이 바로 생기풍수에서 보는 생기에 해당하는 에너지이다.

　사고방식이 긍정적인가 부정적인가가 성공과 행복에 깊이 관여한다. 부정적인 사람은 꿈보다 현실의 혹독함을 먼저 생각한다. 기대되는 이익보다 위험부터 크게 인식한다.

　미모사 같이 예민한 사람에게도 긍정적인 면으로는 높은 수준의 공감 능력, 섬세한 감정의 이해, 그리고 예리한 감각을 지녔다. 이를 통해 미모사 같은 사람들은 남들보다 더 깊이 사물을 느끼고 이해하며, 이는 예술, 창작활동, 대인 관계 등에서 큰 장점이 되기도 한다. 그러나 너무 민감하게 반응하는 것이 문제가 되는 경우도 있는데, 이는 과도한 스트레스, 우울, 불안 정도를 높일 수 있다. 따라서 민감한 사람들은 자신의 감정과 반응을 잘 관리하고 조절하는 방법을 배우는 것이 중요하다.

친구에는 세 부류가 있다.
음식과 같아서 매일 필요한 친구,
약과 같아서 가끔 필요한 친구,
질병과 같아서 항상 피해야 하는 친구가 있다.

- 탈무드

품위를 지켜야 삶이 행복하다

우리는 각자의 인격, 의지, 원칙, 취향에 대해 공격을 당한다. 품위에 손상을 입는 것인데, 이를 정확히 말하자면 각자가 가진 품위의 범위를 침범 당하는 것이다.

좋은 삶을 위해선 타인이 외부에서 당신이 가진 품위의 범위를 멋대로 넘나들지 않도록 확실하게 선을 긋고 막아야 한다. 사람들은 저마다 적절한 크기의 품위를 가져야 이상적인 삶이 가능하다. 그 품위 안에서 고유의 정체성을 지키고 인격적인 대우를 받으며 정서적으로도 안정적이고 즐거운 마음으로 살아갈 수 있는 법이다. 그런데 품격 있고 품위 있는 삶을 살려면 타인이 존중해 주는 것보다 먼저 자신이 품격과 품위를 지킬 줄 알아야 한다.

그렇다고 어느 날 갑자기 '그래 이제 나는 품격있게 살 거야' 라며 정서적 · 물질적으로 따져가며 품위의 범위를 정하는 건 어불성

설이다. 지식을 습득하고 시행착오를 겪으며 사회적 경험이 쌓이는 가운데 자연스럽게 개인마다 고유한 품위가 형성되어 간다. 이는 인간적인 성숙을 의미하는 것으로도 풀이할 수 있는데 품위는 다양한 요소들로 구성된다. 취미, 식습관, 의지나 소명의식, 종교, 철학, 가치관, 가족애, 약속, 언어습관 등으로 이런 요소는 사람마다 각자의 품위에서 차지하는 비중도 다르다.

그런데 여기서 중요한 것이 바로 품위도 구성요소별로 적절한 범위가 필요하며 이를 남들이 함부로 침범하지 못하도록 해야 하는데 어떻게 품위 요소의 범위를 정하고 지킬 수 있을까?

품위의 형성요소 중 하나로 '약속'에 관한 예를 들어보자. 어떤 이는 약속을 그 무엇보다 중요하고 소중하게 여기며 한 번 약속하면 반드시 지켜야 한다고 생각한다. 하지만 또 다른 어떤 이는 일단 약속해 놓고 다음에 상황을 보고 바꾸면 되지 하고 '약속'에 대해 자기 편할 대로 가볍게 생각한다면 문제가 생길 가능성이 크다. 즉 약속을 무엇보다 중요하게 여기는 사람에게 특별한 이유도 없이 약속을 어긴다면 그는 스스로 품위에 손상을 입었다고 느낄 것이다. 그러나 또 다른 어떤 이는 '그래 한두 번 약속쯤이야 내가 이해하지 뭐'라며 그냥 넘길 수도 있을 것이다.

이때 남들에게 휘둘리지 않고 품위를 지키며 살아가려면 미리 선을 그어놓은 품위의 구성요소 범위를 넘어선 경우 확실한 경고를 할 수 있어야 한다. 앞서 언급한 '약속'의 경우 특정인이 자신과 두 번

연속으로 약속을 어긴다면 그에게 다시는 어기지 말라는 메시지를 준다거나 더 이상 그와의 약속을 하지 않는다든지 하는 것이다.

이렇게 품위의 범위를 정해두고 사회와 조직, 타인으로부터 자신만의 고유한 품위를 지켜내는 건 중요한 가치와 의미를 가진다. 당신 스스로 품격, 품위에 대한 확고한 기준을 가지고 중심을 잡고 주도적으로 살아야 한다. 그렇지 않으면 항상 이리저리 치이고 눈치 보며 조종당하고 무시당하는 존재가 되고 만다. 자존심에 상처 입고 매일 고통 속에 살아간다면 결코 삶이 행복할 수가 없다.

그러면 왜 주위에서 당신의 품위를 공격하고 또 그로 인해 당신은 손상을 입게 되는 것일까? 사회와 타인은 당신과 관심사와 가치 기준이 다르기 때문에 당신이 가진 품위의 범위를 함부로 침범하는 것이다. 하지만 품위에 대한 공격이 두렵다고 무조건 피하지 말고 맞서 방어해야 한다. 예를 들면 회의에서 반대 의견을 가졌다고 인격 모독적인 언행으로 공격하는 상사가 있다면 침착하게 말한다. 혹 당신의 의견이 틀린 것일 수도 있겠지만 그렇다고 당신의 인격이 잘못된 것은 아니라고 말하며 다시는 험한 표현을 하지 말라고 한다. 당신의 품위를 손상시키는 공격에 대한 방어에 나서는 게 처음 한두 번은 어렵지만 상황과 상대에 따라 효과적인 방법을 터득하여 대응하면, 대부분은 여러분을 대하는 태도가 달라진다.

주로 사회생활에서 나타나는 공격성은 주도권을 잡으려는 의도에서 비롯된다. 그러니 상대방의 공격에 속절없이 당하거나 참고 피하는 게 능사가 아니다. 한 번 주도권을 넘겨주면 다시 주도권을 되찾기란 어려운 일이다. 결국 눈치나 보며 따라가는 신세가 되고 만다. 당신의 품위에 손상을 입히며 우위를 점하지 못하도록 한다. 특히 한 번 주도권을 놓으면 입지가 곤란해질 경우 오래도록 주도권을 놓지 않아야 한다. 만약 주도권을 포기해야 할 상황이라면, 주도권을 넘겨주는 대신 상대에게 엄청난 대가를 치르도록 하라. 이런 방식은 사회생활과 인간관계에서 여러분의 품위를 지켜내고 앞으로의 삶을 풍요롭게 만드는 데 대단히 효과적이다.

품위의 범위가 선명할수록 외부로부터 공격 당할 때 제 능력을 발휘한다. 품위의 범위가 인생의 보호막인 이유는 이것이 주도적인 삶과 밀접하기 때문이다. 품위의 범위가 없으면 유혹적인 거래가 올 때마다 새롭게 고민해야 한다.

간단하게 당신이 가진 품격의 범위를 알아볼 수 있다. 당신은 엄청난 돈을 주어도 절대 팔지 않을 것들이 있는지 자문해 보면 된다. 평판, 명예, 경력, 가족사랑 등, 그런 것들이 명확하게 있다고 답할 수 있다면 확실한 품위의 범위를 가지고 있는 것이다.

당신의 품위의 범위 안에 들어 있는 것들은 협상의 대상이 아니다. 얼마나 많은 돈을 제시하든 안 되는 건 안 되는 것이다. 이것이 당신의 자존감을 지키고 명성을 높이는 것이다. 어떤 상황에서도 고유한 품위를 지켜내는 건 좋은 운을 불러오고 행복한 삶을 만드는 중요한 비결이 된다.

생기풍수로 보는 품위와 행복은 자연과의 조화, 긍정적인 생기 (에너지)의 흐름, 그리고 조화롭고 균형 잡힌 공간과 환경 조성을 통해 이루어진다고 할 수 있다. 이러한 원칙을 실생활에 적용함으로써, 사람들은 자신의 품위를 유지하고 더 행복한 삶을 영위할 수 있을 것이다.

기억하라.
누구도 당신의 동의 없이 당신이 열등하다고
느끼게 만들지 못한다.
– 엘리너 루스벨트
(미국 26대 대통령 플랭크린 루즈벨트의 영부인. 정치가이자 사회운동가)

항상 좋은 사람이 될 필요는 없다

오랜 미움은 당신의 운을 해친다. 그 미움의 대상을 계속 마음에 두면 그 사람의 나쁜 기운 아래 내가 있게 된다. 그 부정적인 에너지 파동은 당신의 운의 알고리즘에 오류를 불러일으킨다.

특히 마음 속 미움이 밖으로 분출되는 화는 여러분의 좋은 운을 망치게 한다.

자신의 분노도 통제해야 하지만 타인의 분노도 주의해야 한다. 그럴 일도 아닌데 심하게 당신에게 분노를 드러내는 이가 있다면 나쁜 사람이 아니고 어딘가 아픈 사람이 분명하다. 그렇게 이해하고 용서하며 내 편을 만들어 보라. 그래도 그 사람이 달라지지 않는다면 정신적인 질환이 있는 환자로 여기며 그저 건성으로 대하고 물리적·시간적인 거리를 두는 것이 좋다.

여러분은 분노로 인한 신체 반응을 스스로 억제할 수 있어야 한다. 여기엔 약간의 지혜가 필요하다. 당장 참기 어려울 정도로 화가 나면 심호흡을 하거나 그 장소로부터 잠깐이라도 벗어나는 게 도움이 된다. 심리학자들에 의하면 '15초의 법칙'이라고 화가 극도로 치밀어 오른 순간으로부터 약 15초간을 피하면 다소 진정되는 효과가 있다고 한다. 분노를 유발하는 감정을 오래도록 쌓아만 두지 말라. 갑자기 폭발하거나 자신에게 더 큰 화가 돌아올 수도 있다.

심하게 오래도록 참고 혼자 끙끙대다 보면 심신에 병이 생길 수도 있다. 우리 사회는 감정을 소홀히 여긴다. 화가 날 상황에서 감정을 부정하는 것은 자신을 억압하는 잘못된 행동이다. 감정을 억누르지 말고 적절한 언어로 표현하는 것이 좋다. 진솔한 감정은 인간을 인간답게 만들어 준다. 분노의 감정을 부끄러워하지 말고 감정을 솔직하게 마주하라.

항상 좋은 사람이 될 필요는 없다. 마찰을 무조건 피하는 게 능사는 아니다. 조직 내에서 전혀 트러블 없이 조용한 사람은 대부분 방관자이거나 추종자 또는 무책임자일 것이다. 특히 상사가 능력이나 일 처리가 부족하다고 해서 인격적으로 모멸감을 주고 무례하게 대한다면 당신이 인격적으로도 부족한 사람은 아니므로 불쾌하다는 심정과 함께 단호하게 반론을 제기한다.

또한 상대방의 무리한 요구에 너무 속을 끓이지 말라. 일시적으로 상대방과의 관계가 소원해질 수는 있어도 몇 초라도 생각을 다듬은 뒤에 노라고 할 수 있어야 한다. 특히 경제적 이해로 얽힌 사회생활에선 상대방이 하는 만큼만 잘 해주어라. 상호주의가 서로에게 좋은 결과와 지속적인 관계를 만들어 준다.

특히 예상 밖의 당혹스럽고 화가 나는 상황에 처해 어쩔 줄 모르고 안절부절한다면 잠시 그 상황에서 잠깐이라도 비켜서 보라. 조금 전의 어처구니없는 상황도 약간 거리를 두고 관찰하면 달리 보이고 대안도 찾을 수 있다. 지금 다급하고 가장 중요하다고 생각되는 것들도 대수롭지 않은 문제일 수도 있다. 당신 주변을 둘러싼 전체 모습과 함께 당신이 어디쯤에서, 어떤 일을, 무엇 때문에 하고 있는지 큰 맥락 속에서 살펴보는 것이 중요하다. 시시한 것에 초점을 두고 매달리다 보면 당신의 삶도 보잘 것 없어지고 시간만 낭비하게 된다. 그러기엔 우리 인생은 너무 짧고 바쁘다.

사랑하는 사람들이 자신을 함부로 대하는 데도
가만히 있는다면 당신은 결국
그것 때문에 그들을 미워하게 될 것이다.
– 앤드류 매튜스

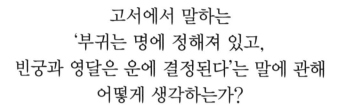

고서에서 말하는 '부귀는 명에 정해져 있고, 빈궁과 영달은 운에 결정된다'는 말에 관해 어떻게 생각하는가?

옛 고서에서 말하는 '부귀는 명에 정해져 있고, 빈궁과 영달은 운에 결정된다'는 말은, 인간의 삶에서 부와 권력, 즉 부귀는 개인의 운명에 의해 미리 정해져 있다는 의미이며, 빈곤과 성공은 그 사람의 운, 즉 시간과 상황에 따라 달라진다는 뜻으로 해석할 수 있습니다. 이러한 관점은 동양철학, 특히 운명론과 인생관에 깊이 뿌리내린 개념입니다.

명과 운의 관계

명命 : 명은 한 사람이 태어날 때부터 정해진 운명이나 천명을 의미합니다. 이는 개인의 능력이나 노력으로는 쉽게 바꿀 수 없는, 일생을 통틀어 그 사람에게 주어진 기본적인 조건이나 운세를 말합니다. 예를 들어, 어떤 사람이 태어날 때부터 부유한 가정에 태어나는 것과 같은 조건이 여기에 해당할 수 있습니다.

운運 : 운은 시간의 흐름에 따라 변화하는 인생의 상황을 말합니다. 이는 개인의 선택과 노력으로 좌우될 수 있는 부분이 크며, 삶의 특정 시기에 나타나는 기회나 도전 등을 포함합니다. 사람이 살아가면서 겪는 다양한 상황과 변화는 운에 의해 결정되며, 이를 잘 활용하거나 대처함으로써 삶의 질을 개선할 수 있습니다.

이러한 관점의 의미

이러한 관점은 개인의 삶에 대한 태도와 책임감에 영향을 미칩니다. 명에 의해 정해진 부분이 있더라도, 개인의 운을 잘 다루고, 삶의 기회를 잘 활용하는 것이 중요하다는 메시지를 전달합니다. 즉, 태어날 때부터 주어진 조건에 안주하지 말고, 삶에서 마주치는 다양한 기회와 도전에 적극적으로 임함으로써 더 나은 미래를 만들어갈 수 있다는 교훈을 담고 있습니다.

또한, 이러한 관점은 인간의 삶이 단순히 운명에만 의존하는 것이 아니라, 우리가 만나는 상황과 어떻게 대처하느냐에 따라 크게 달라질 수 있음을 시사합니다. 따라서 노력과 긍정적인 자세를 갖추는 것이 중요하며, 자신의 삶을 주도적으로 살아가려는 태도가 요구됩니다.

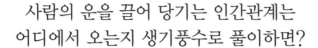

사람의 운을 끌어 당기는 인간관계는 어디에서 오는지 생기풍수로 풀이하면?

생기풍수는 동양 고전의 지혜를 바탕으로 자연과 인간 사이의 조화로운 삶을 추구하는 학문입니다. 이는 우리가 살아가는 환경과 그 환경 속에서의 상호작용이 인간의 운명에 중대한 영향을 미친다는 사상을 내포하고 있습니다. 생기풍수에서는 '기'의 흐름을 근본적으로 중시하며, 이러한 '기'가 원활하게 흐르고 균형을 이루는 환경이 바람직한 인간관계를 형성하는 데 기여하고, 이는 곧 개인의 운명을 긍정적인 방향으로 이끈다고 합니다. 생기풍수를 통해 인간관계를 개선하고 운을 좋게 만드는 데 도움이 되는 환경을 구체적으로 살펴보겠습니다.

1. 조화와 안정을 추구하는 공간

생기풍수에서 공간의 조화와 안정은 매우 중요한 요소입니다. 사람들이 편안함을 느끼고 긍정적인 상호작용을 할 수 있는 환경은 자연스럽게 좋은 '기'를 유입시키며, 이는 인간관계에 긍정적인 변화를 가져옵니다. 예를 들어, 잘 정돈된 집이나 사무실은 사람들이 긍정적인 에너지를 공유하고 서로를 존중하는 분위기를 조성합니다.

2. 자연과의 소통을 가능하게 하는 공간

자연과의 연결은 생기가 넘치는 환경을 만드는 데 핵심적인 역할을 합니다. 자연과 가까운 곳에서의 사회적 교류는 사람들 간에 긍정적인 '기'의 흐름을 촉진시키며, 이는 강력한 우정이나 효율적인 협력 관계로 발전할 수 있는 기반이 됩니다. 즉, 산책로나 공원에서의 만남은 사람들 사이에 긍정적인 에너지를 교환하는 좋은 기회가 될 수 있습니다.

3. 긍정적인 에너지를 공유하는 장소

문화적·예술적 활동이 활발한 장소나 사람들이 긍정적인 목적으로 모이는 공간은 활기찬 인간관계를 형성하는 데 유리한 환경입니다. 이러한 장소에서는 사람들이 긍정적인 에너지를 서로에게 전달하며, 이는 상호 간에 영감을 주고 받을 수 있는 기회를 마련합니다.

4. 개인의 '기'와 조화를 이루는 인간관계

개인의 '기'와 조화를 이루는 사람들과의 관계 역시 중요합니다. 생기 풍수에서는 각자에게 맞는 '기'의 유형이 있다고 보며, 이와 조화롭게 어우러지는 사람들과의 교류는 개인의 운을 개선하고 서로에게 긍정적인 영향을 줄 수 있습니다. 이는 서로의 장점을 인정하고 존중하는 건강한 관계를 의미합니다

제6장

좋은 운을 불러오는 생각의 전환

가면을 벗어 던져라

가면의 역사는 시오노 나나미의 《바다의 도시이야기》두 권짜리 소설을 읽으면 알 수 있다.

베니스의 남자들이 한 번 항해를 나가면 장기간 출타를 했다. 이 때문에 베니스의 여성들 사이에서 친교 파티나 무도회 등에서 여성들을 상대하는 남자들에게 서로가 상대를 알지 못하게 하고 자기 신분 노출을 꺼리는 것으로부터 시작되었다고 한다. 아직도 가면의 명산지로 이탈리아 베니스가 손꼽히는데, 인간은 스스로가 단순한 자연물로 그치는 데 만족하지 못하고 내면에 초월적 대상을 느끼고자 했던 것이다. 가면은 이처럼 모순된 이중성을 극복하기 위해 사용되기 시작했으며, 그 상징적 대상과 인간 사이의 매체 역할을 해왔다.

우리는 사실 매일 집 밖에 나서며 화장을 하고 치장을 하면서 사회적응에 필요한 심리적 가면인 페르소나persona(원래는 고대 그리스의 가면극에서 배우들이 썼던 가면을 의미하는데 현대 사회심리학적으로는 자신의 관리를 위해 만들어 낸 이미지를 뜻함)로 살아가고 있다. 이는 각자 치열한 생존경쟁에서 살아남으려는 방편인 셈이다.

그러나 이것이 진짜 자신의 본모습과 너무 거리가 멀다면 문제이다. 페르소나를 유지하는데 자기 희생이나 자기 부인, 노력에 에너지가 너무 많이 소모되기 때문이다. 자칫하면 자신의 가면, 페르소나로부터 오히려 진짜가 억압당하는 꼴이 될 수 있다. 이 문제 해결을 위해선 진짜 자신의 모습과 페르소나와의 공통된 부분, 즉 교집합에 해당하는 부분을 찾아 이를 확대하고 키워나가는 것이 좋다.

살다 보면 내가 있을 곳이 아닌 데 있는 것 같다는 생각이 드는 경우가 있다. 자신과 너무 멀리 동떨어진 페르소나 때문이다. 그렇다고 언제까지나 무리한 페르소나로 나를 가장한 채 살아가는 건 너무 힘든 일이다. 이제 용기를 가지고 세상에 자신의 본 모습을 당당하게 보여 주자.

이런 사람들은 나 말고도 많으니 걱정하거나 너무 불안해할 필요는 없다. 많은 사람들이 혼자라고 느끼지만 자신의 본 모습에 맞는 정당한 요구와 권리를 주장해서 달라지는 경우도 많다. 그러니 이제부터 내 마음은 내가 결정하도록 하자. 혼자만 동떨어진 존재라는 생각만으로 스스로 위축되어 남의 눈치나 살피며 가면을 쓰고 살아가서는 행복할 수가 없다.

당신의 진짜 목소리를 내며 세상에 당신의 존재를 알려라. 자신을 올바르게 표현하기 위해서는 자기 인식을 높이고, 자신의 감정과 생각에 대해 솔직하되 적절한 방식으로 전달하는 방법을 배워야 한다.

인간관계에서 가장 중요한 건 바로 자기 자신을 올바르게 표현하는 것이다.

– 앤드류 매튜스

행운이 좋아하는 진짜 목표는 따로 있다

행운은 자신을 준비하고, 긍정적인 마인드를 가지고 새로운 것에 도전하고, 변화에 유연하게 대응할 수 있는 사람에게 기회가 주어진다. 이러한 요소들은 행운을 끌어당기는 강력한 생기가 기반이 될 수 있다.

행운이 따르는 목표는 자신의 내면에 깊은 의미가 있어야 한다. 의미가 있냐 없냐를 알려면 무엇을 원하는지 질문을 하고 답을 해보라. 돈, 차, 집, 음식, 시간적 여유 등이라고 답하는 경우가 많지만 사실은 아니다. 우리가 진정 이루고자 하는 목표는 물질적으로 큰 성공이 아니라, 성공한 다음에 하겠다고 생각한 것들이다. 예를 들면 지금은 못하지만 '나중에 경제적으로 시간적으로도 여유가 생기면 반드시 그림을 그릴거야' 라고 생각한다면 지금 그림을 시작하라는 것이다. 경제적 여유가 없어 돈을 주고 배우기 어렵다면 혼자서 조금씩이라도 시작하도록 한다. 당신의 가슴을 뛰게 만드는 바로 그것들이 진짜 행운이 찾아올 기회가 된다.

그러나 목표가 순전히 자신만의 이익을 위한 것이라면 큰 행운을 가져오기는 어렵다. 당신의 목표가 달성되었을 때 그로 인한 선하고 긍정적인 효과가 주위에 크게 영향을 주어야 큰 행운을 끌어당길 수 있다. 이는 우주의 자연스러운 질서로 진화론을 주장했던 찰스 다윈 역시 친절하고 연민이 강한 사람일수록 자연의 선택을 받고 생존에 유리하다고 주장했다. 즉, 목표가 우주가 원하는 이타심에 충족될 때 우주로부터 그 대가를 받을 자격이 생기는 법이다. 비로소 우주로부터 예상치 못한 지원과 선물이 찾아오게 되는 것이다. 이처럼 이타심을 지닌 목표가 행운을 만들어 내는 데 유리하게 작용한다.

실제 타인에게 도움이 되고 이롭게 하겠다는 의도를 가지면 그 목표를 달성할 수 있는 정신적·감정적·육체적 능력은 강화된다. 이런 능력을 경험하고 목표들을 실현해 간다면 인생에서 원하는 대부분을 직접 본인 스스로 만들어 갈 수 있다. 자신이 가장 좋아하는 일이 무엇인지, 어떤 일을 할 때 가장 살아있다고 느끼며 동기부여가 되는지 알기 위해 내면 깊이 들여다보는 일 역시 매우 중요하다.

선명한 목표의식을 가져야 한다. 목표가 없으면 이리저리 방황하다 그 무엇에도 도달하지 못한다. 그러나 돈이 목표도 아니고 행복과 불행을 좌우하지도 못한다. 돈은 목표달성을 위한 수단에 불과하다. 중요한 건 돈이 아니라, 목표를 달성했는지의 여부다. 목표가 있는 사람은 스스로 결정을 내리고 행동으로 실천해 가기에 그만큼 성공 가능성이 높다. 목표가 없으면 수많은 인생 기로에서 즉 흥적인 선택으로 잘못된 결과를 맛보기 십상이나 목표가 있는 사람은 목표를 기준으로 판단하고 선택하기 때문에 성공확률이 높다.

단 목표는 허황되거나 비현실적이어서는 곤란하다. 매일 조금씩이라도 현실적으로 실천이 가능해야 하며, 무엇보다 어디로 가고 있는지 알 수 있어야 한다.

목표를 가지는 것도 내가 운을 바꿀 수 있는 중요한 기회이다. 생기는 긍정적인 생각에서 만들어지고 사라지기를 반복하게 된다. 때문에 목표를 달성하기까지 긍정적인 생각을 멈추면 안 된다. 생기풍수는 즐기는 풍수이다. 운을 바꾸려면 생활 속에서 생기풍수를 즐길 수 있어야 한다.

행복해지고 싶다면 생각을 지배하고,
희망을 불러일으킬 목표를 세워라.

– 앤드류 카네기

내 안의 두려움을 이기는 방법

걱정과 두려움은 만성 스트레스가 되어 건강을 해치고 수명을 단축시킨다. 실제 참새들에게 천적의 소리를 들려주면 40퍼센트나 알을 적게 낳았고 그나마 낳은 알들도 크기가 작고 태어난 새끼들도 오래 살지 못했다는 실험결과도 있다. 이는 실제 위험이 아니라 두려움만으로도 생태계를 좌우할 수 있음을 명백히 보여주는 것이다.

인간 역시 마찬가지다. 만성적 두려움이 생기면 잘못된 결정도 할 수 있으며 스스로 삶의 질을 떨어지게 한다.

걱정, 두려움을 덜려면 우선 명상이 도움이 된다. 보험을 들고 일에 집중력을 키우면 두려움이 줄어드는 효과가 있다.

두려움을 줄이려면 이런 저런 세상일들에 관해 일일이 모두 다 판단할 필요는 없다. 잘 알지도 못하는 일에 대해 두려움을 가지고 당신의 의견을 피력하지 않을수록 당신의 삶의 질은 좋아진다. 당신이 가진 의견의 99퍼센트는 전혀 쓸데없는 것이고 단 1퍼센트만이 사생활과 직업 사회활동에 중요하게 작용한다.

자신 내면의 두려움을 이기는 것은 하루아침에 이루어지는 것이 아니며, 지속적인 노력과 실천이 필요하다. 자기 자신에게 관대하면서 긍정적인 자세를 유지하는 것이 중요하다.

불안의 재발견

불안과 두려움은 투자와 위험에서 생겨난다. 그러나 대부분 위험이 없는데 착각하는 것에서 불안과 두려움을 느낀다. 이는 결코 실제가 아니다. 실제라고 믿는 잘못된 인식이 만들어 내는 결과에 불과하다.

불안이나 두려움을 다스리는 기본원칙은 사소한 일에 애태우지 말고 대부분의 일은 사소하다고 여겨야 하는 것이다. 그러나 불안, 두려움이란 존재가 항상 나쁜 것만은 아니다. 이들은 실패 시의 위험을 우리에게 알려주는 경고로도 해석할 수 있다. 이에 적절하게 반응하는 것도 우리 삶의 목적과 희망을 더 명료하게 자각하게 만드는 촉매제이기 때문이다.

적당한 경각심은 경기나 일상생활에서 에너지로 활용하면 좋은 결과를 가져온다. 그러나 일시적인 불안, 두려움과는 달리 장기적이고 만성적이라면 정신질환의 일종으로 적절한 관리와 치료가 필요하다.

불안, 두려운 감정을 일으키는 요소들로는 부족함, 불확실, 거부나 거절, 비난에 대한 두려움, 변화에 대한 불안 등이 속한다. 이런 불안을 줄여주는 몇 가지 방법이 있다. 가장 먼저 무슨 일이든 완벽해야 한다는 강박관념에서 벗어나라. 커다란 성공을 이룬 일들도 처음부터 끝까지 완벽하게 진행된 건 아니다. 중간에 수정하고 보완을 거쳐 점차 완성된 것이다. 문제가 생기면 고쳐나가면 된다고 생각하면 마음이 편해진다. 그리고 사회 조직 생활에서나 가정에서도 다른 사람을 자신의 뜻대로 변화시키려는 생각을 하지 말라. 불가능한 일이고 괜한 불안감만 늘어난다.

규칙적인 운동을 하고 근사한 자연을 즐기며 몸을 늘 건강한 상태로 잘 관리하는 것도 긍정적이고 자신감 있게 만들어 준다. 그

외에도 불안을 줄이는 데는 종교나 취미가 있으면 유용하다.

불안, 두려움의 원인을 제거할 때는 작고 쉬운 것부터 손대는 것이 좋다. 지치지 않고 꾸준히 해나갈 수 있기 때문이다. 아울러 불안으로 인한 심신의 고통을 너무 두려워하지 말라. 고통은 우리에게 무언가 정신적으로나 육체적으로 취약한 부분이 생겼다는 걸 알려주는 신호이다. 그 취약한 부분을 이 기회에 고치겠다고 마음만 먹어도 불안감은 줄어들기 시작한다. 그래도 여전히 두려움, 불안함으로 괴롭다면 심리 치료 전문가나 의료인의 도움을 받는 것이 바람직할 것이다.

일 잘하고 현명한 농부는 '들판의 끝을 보지 않는다'고 한다. 들판의 끝을 보며 일이 너무 많아서 힘들겠다는 걱정에 사로잡혀 결국 끝내기 어렵기 때문이다. 그러나 지혜로운 농부는 바로 눈앞의 풀부터 조금씩 매일 꾸준하게 베기 시작하는 법이다. 쓸데없이 걱정과 불안해하기보다 걱정거리를 치워나가는 것이다. 여러분이 농부라면 어떻게 하겠는가?

진정한 믿음은 자신의 마음에서 시작되며, 이는 두려움을 넘어서게 하는 중요한 힘이다. 믿음은 자신이 살아가는 힘이며 자신을 신뢰할 때 두려움은 점차 사라질 수 있다.

염려는 믿음이 끝나는 곳에서 시작되고,
진정한 믿음이 시작되는 곳에서 사라진다.

− 조지 뮬러

삶은 더하기가 아니라 빼기이다

틀리고 나쁜 것을 피하면 좋고 옳은 것이 온다. 스포츠나 게임에서도 승률을 높이려면 무엇보다 실수를 줄이면 된다. 축구경기에서 승리하려면 골을 넣으려는 공격적인 전략이 아니라 수비적인 전략이 더 효과적이다. 수비를 강하게 구축하고 경기를 운영하면 비기거나 운이 좋으면 이길 가능성도 있다. 그만큼 승률은 높아진다.

마찬가지로 행복하고 즐거운 삶을 위해선 더 많은 돈과 더 좋은 차와 더 큰 집을 위해 이른 아침부터 늦은 밤까지 몸을 혹사시키며 일하는 것보다 먼저 술, 마약, 흡연, 공해, 러시아워, 실직, 가난, 대출, 고독, 질병, 수면부족, 결별, 이런 부정적이고 나쁜 것부터 피하고 줄이는 게 현명한 방법이다. 즉 즐거운 삶을 만드는 데는 더하는 것보다 빼고 줄이는 게 구체적이고 효과도 빨리 나타날 수 있다. 더 많은 걸 찾아 헤매는 것보다 줄이고 피하는 게 행복한 삶을 만들어 가는 더 쉽고 효과적인 방법이 된다. 무언가 하지 않는 것, 절제하고 단순화하는 것이 삶을 더 가치있게 만들어 준다.

매일 어마어마한 양의 새로운 정보와 물건들이 쏟아지지만 대부분 당신과는 별 의미도 없는 쓰레기에 불과하다. 다 버리고 그 중에 자신에게 정말 가치 있고 꼭 필요한 것만 골라내는 안목이 중요하다. 나머지는 모두 버리고 줄여 나가면 여러분의 삶은 더 풍요로워질 것이다.

행복은 더 많이 가진다고 오는 게 아니다. 행복의 기준을 물질에 두기보다 가치와 정신적 즐거움에 둔다면 좋은 기운을 불러오고 평온한 삶을 살 수 있다.

인생에서 '더하기'는 종종 물질적인 풍요와 성공, 명예 등을 의미하지만, 모든 것들은 결국 일시적이고 허상일 수 있다. 반면 '빼기'는 우리 삶에서 불필요한 군더더기들을 제거하는 것을 의미한다. 이는 물질적인 것만 '빼기'를 의미하는 게 아니라 생각, 의식적인 면에서의 '빼기'까지도 뜻한다. 쓸데없고 가치 없는 생각을 줄여가면 자신이 정말로 중요하다고 생각하는 것에 집중하게 하고 삶을 더욱 단순하게 만들어 진정 원하는 것이 무엇인지를 깨닫게 해 준다. 또한 이러한 '빼기'의 과정은 자신의 내면을 돌아보고, 자신의 삶을 재평가하는 기회를 제공한다. 이는 우리가 자신의 가치관을 더욱 확고히 하고, 자신의 삶에 대해 한층 깊은 이해를 하는 데 도움을 준다.

삶에서 중요한 건 '더하기'가 아니라 '빼기'이다. '빼기'가 우리 삶을 더욱 의미있고 풍요롭게 만드는 데 중요한 통찰력을 제공한다. 이는 우리가 각자의 삶을 살아가는 동안 자신에게 더욱 집중하게 만들어 주고, 자신의 핵심 가치관에 충실히 따르는 것이 중요함을 인식하게 해 준다.

행복은 종종 우리의 내면 즉, 마음에서 오기 때문에 외부의 물질적인 것들은 일시적인 만족을 줄 수는 있지만, 진정한 행복은 자기

자신의 내면에서 발견될 때 가장 행복하고 계속적으로 유지할 수
있게 된다.

행복하려면 두 가지 길이 있다. 욕망을 줄이거나, 소유물을 늘
리면 된다. 어느 쪽이라도 된다.

- 벤자민 프랭클린

비교하지 않으면 운이 좋아진다

타인과 비교하는 대신 현재 자신이 좋아하는 일에 집중하고 매
일 매 순간 기쁘고 행복감을 느낀다면 그의 운도 점점 좋아진다.
심적으로 여유있고 즐거운 상태에서 모든 일들이 잘 풀려나간다.
타인과 비교만 하지 않아도 당신의 운은 달라지기 시작한다.

자신을 남과 비교하지 말라. 오직 자신의 가치관과 판단을 스스
로 존중하라. 자신의 행복에 집중할수록 남의 시선으로부터 자유
로울 수 있다. 단 부럽다면 성공의 이유를 분석해서 노력하라.

생기풍수 관점에서는 '남과 비교하지 않으면 운이 좋아진다'고
본다. 이는 우리 인생에서 중요한 가치를 담고 있다. 나만의 페이
스를 유지하고, 남과 비교하는 것은 종종 스트레스와 부담감을 가
져올 수 있기 때문이다. 남과 비교하는 시간에 자신의 강점과 약점

을 이해하고, 자신에게 집중하라. 이는 자신의 운을 높이는 중요한 요소이다. 그래야만 좋은 기운을 자기 쪽으로 끌어올 수 있다. 결국 삶을 긍정적인 마음으로 즐겨야 하며 이것이 바로 생기풍수의 이치이고 나아가 운명을 바꿀 수 있다.

> 우리가 항상 어떤 것이나 어떤 사람과 비교하는 것이 갈등의 가장 큰 원인이다.
>
> – 탈무드

포기하지 말라, 상황은 달라지는 법

우리의 감정은 파도와 같다. 마치 금방이라도 하늘이 무너져 내릴 것 같은 극심한 공포와 괴로움도 그 원인이 사라지거나 더 좋은 일이 생기면 한순간에 사라져버리는 법이다. 격정적인 감정은 왔다가도 금세 사라지는 것이니 너무 부정적인 감정이 든다고 심각하게 여기지 말라. 상황이 달라질 수도 있고 예상치 못한 변수도 생길 수 있다.

축구 경기를 보자. 실력이 비슷한 두 팀 간에 경기가 벌어질 경우 전후반 90분 경기에서 90분 동안 한쪽이 일방적으로 밀리는 경기는 없다. 여기서 감독은 전술변화를 주고자 할 때 선수교체를 한다. 이를 통하여 찬스를 만들고, 위기를 승리로 바꾸는 일들이 종종 일어나곤 한다. 이처럼 때로는 우리가 겪는 어려움이나 고민은 일시적인 것에 불과하며 대부분의 힘든 일들도 작은 찬스를 만들어 완벽하게 해결할 수 있으며 시간이 지나면서 문제가 사라지는 일도 많다. 따라서 어렵고 힘든 일에 맞닥뜨려도 포기하지 말고 늘 희망을 가지고 앞으로 나아가는 것이 중요하다.

상황이 나아지기를 바란다면 희망 갖기, 적극적으로 대응하기, 인내심 갖기 그리고 마지막으로 자신에 대한 믿음이 중요하다. 자신의 능력을 의심하지 않고 어려운 상황을 극복할 수 있다는 확신을 가져야 한다.

과거의 상처에서 벗어나라

과거의 상처에 얽매이지 않고 앞으로 나아가는 것이 중요하다. 과거의 상처는 부정적인 영향을 미치며, 자신의 성장을 방해하고, 새로운 가능성을 제한할 수 있다. 그러나 과거는 바꿀 수 없는 경험으로 이를 받아들이고, 그로부터 배우는 것도 하나의 지혜이다. 과거의 상처를 극복하는 방법은 과거의 실수를 인정하고, 이를 통해 올바른 것을 배워야 한다. 그리고 마지막으로 자신을 용서할 수 있어야 한다. 이것이 앞으로 나아가는 데 필요한 자신감을 회복하는 길이다.

자기연민은 가장 비생산적이고 주변 사람들과도 멀어지게 하는 지름길이다. 치명적으로 잘못된 사고이며. 정신건강을 해치는 것으로 그저 마음 편히 삶이 완벽하지 않다는 사실을 인정하라. 스스로 한탄하는 건 시간 낭비이다. 자기연민에 빠져있는 동안에는 불행을 극복하는 데 도움되는 일을 전혀 하지 못한다.

상처를 극복하는 것은 시간이 걸리며 인내와 노력이 필요한 과정이다. 자신을 믿고, 인내심을 가지고 긍정적 습관과 용서를 해줌으로써 자신의 치유 여정을 가져야 한다.

포기하려는 다음 골목에 성공이 기다리고 있다.
– 미국의 세계적 성공학자 오그 만디오의 '위대한 상인의 비밀' 중에서

사막을 건널 때는 타이어의 공기를 빼야 한다

아프리카 세네갈의 다카르 랠리는 세계에서 가장 힘들고 위험한 자동차 경주 중 하나로 유명하다. 이 경주는 세네갈의 다카르를 시작점으로 하여 사막, 험준한 계곡, 밀림과 같은 극한의 환경을 통과해야 하는 대장정의 자동차 경주이다. 경주 차량들이 타이어의 공

기압을 일부러 낮추는 이유는, 부드러운 타이어가 제공하는 넓은 접지 면적 덕분에 모래와 부드러운 지면 위에서 더 나은 견인력과 안정성을 얻기 위해서이다. 낮은 공기압의 타이어는 사막이나 밀림과 같은 부드럽고 불규칙한 지면에서 차량이 미끄러지거나 빠지는 것을 방지할 수 있다. 이는 타이어가 더 많은 지면과 접촉하여 더 많은 그립을 생성하기 때문인데, 이로 인해 운전자는 더 나은 핸들링과 컨트롤을 할 수 있기 때문이다.

아프리카 세네갈의 다카르 사막에서 열리는 다카르 자동차 경주 대회는 12일 동안 장장 8,000km의 사막과 험준한 계곡, 밀림을 달려야 해서 일명 '죽음의 랠리(경주)'라고 부를 만큼 힘들고 위험하다. 그런데 이 경주에 참가하는 자동차들은 보통의 경주대회와는 달리 자동차 타이어의 공기를 빼고 약간 말랑말랑한 상태로 만든다. 사막의 모래에 차가 빠지지 않고 수풀로 무성한 밀림을 달리기에 적합하기 때문이다.

우리 삶도 마찬가지이다. 힘들고 어려운 상황일수록 몸의 가식, 허세를 빼고 겸손하고 진실해야 한다. 오늘 내게 온 작은 행운에 감사하다고 말하라. 감사하면 당신의 삶이 풍요로워지기 시작한다. 감사하다는 말 자체에 긍정의 에너지가 담겨있고 좋은 기운이 나오는 생기가 들어 있다. 긍정의 말을 통해 삶을 즐기는 것만 가지고도 내 운을 바꿀 수 있다. 이것이 생기학의 생기풍수이다.

어쩌면 운을 끌어당길 수 있는 여러 가지 방법 중 가장 효과적이고 확실한 것이 바로 감사의 비밀이다. 운이 좋다는 것은 감사하다고 느끼는 것과 긴밀하게 연결되어 있다. 아마 당신이 살아오며 크게 기뻐하는 순간 온 우주와 신으로부터 축복받으며 예상치 못한 행운에 대단히 감사한 마음이 들었을 것이다. 반대로 커다란 걱정이나 불행에 빠졌다가 회복해 나올 때도 안도감과 함께 감사한 마음이 들 것이다.

여기서 중요한 것이 우리는 자신이 원하는 것을 가지면 감사하고, 없으면 불운하다고 느끼고 불평한다. 사람들은 대부분 자신이 가진 것보다 못 가진 것에 초점을 두고 '나는 운이 없다, 내 인생은 왜 이 모양일까'라고 한탄하며 스스로 피해의식을 가지곤 한다. 이 때마다 '감사'에 초점을 맞춰 마음의 방향을 돌리도록 한다. 스스로 가진 것에 감사하고 성공하고 행복한 일들을 떠올리며 운이 좋았다는 마음으로 돌리는 습관만 가져도 당신의 운은 정말 변하기 시작한다.

감사는 작물에 물을 주는 것과 같다. 이것이 우선 선행되어야 행운의 수확이 따라온다. 실천이 어려운 것도 아니다. 오늘 당장 저녁 무렵 당신의 하루를 마감하여 하루 동안의 일과 속에 즐겁고 좋았던 일들만 떠올리며 감사하도록 하자. 동료들에 진정 감사하고 고마운 마음을 전달하면 바로 당신의 인생에 소중한 기회와 행운도 따라서 그만큼 커지게 된다.

비록 현재 상황이 불운하고 위기에 처해 있더라도 한줄기라도 희망의 빛을 찾아 감사한 마음으로 한 걸음씩 나아가도록 한다. 시간이 흘러 다시 불운했던 일들이 행운으로 직결되는 경우가 흔히 있다. 실직했지만 나중에 더 좋은 직장을 찾게 되는 경우도 많다. 한 조사 결과에 의하면 운이 좋은 사람과 운이 없는 사람과의 가장 큰 결정적인 차이는 '회복 탄력성'에 있다고 한다. 그 회복 탄력성은 역경에 직면했을 때에도 바로 감사하는 능력에서 생겨난다. 반대로 스스로 운이 없다고 여기는 사람들은 불운에 직면하면 피해 의식을 느낀다. 심한 좌절감으로 인해 극도로 상심해서 노력과 시도조차하지 않으면 실패는 없겠지만 행운의 기회도 사라지고 만다. 운이 좋은 사람들은 나쁜 상황 속에서도 행운의 기회를 찾아 나서고 감사하며 본궤도로 돌아간다.

이렇게 건강한 회복 탄력성이 있을 때 긍정적이고 역동적인 행동을 하게 되고, 주변에서 일어나는 기회를 포착할 수 있다. 그렇게 운이 좋은 사람이 되어 가는 것이다.

무슨 일을 이뤘다고 자만하는 건 쉽지만 감정을 누르고 겸손해 하는 건 어렵다. 겸손하면 손해를 본다고 하지만 아니다. 더 존중받고 이로운 일들이 생겨난다. 스스로를 대단하다고 착각하지 않는 게 운을 불러오는 바람직한 삶의 태도이다.

우리의 인생 여정에서 불확실성과 불가피한 실패는 자기 성찰과 성장의 기회를 만들어 주기도 한다. 어떠한 상황에서도 희망을 잃지 말고, 실패에서 교훈을 삼아 인생이라는 여정을 당당하게 이어가야 한다. 결국, 우리의 노력과 태도가 진정으로 나의 운명을 만든다.

평탄한 길에서도 넘어질 때가 있다. 인간의 운명은 그런 것이다. 신 외엔 아무도 진실을 알 수가 없다.

- 안톤 체호프

속도가 아니라 방향이 중요하다

여러분의 현재 위치가 어디에 있든 그것이 여러분의 성공 여부를 결정짓지 않는다. 중요한 것은 여러분이 어떤 목표를 향해 나아가고 있는가, 그리고 그 과정에서 지속적으로 추진하고 있는가? 이는 삶의 모든 영역에서 유효한 원칙이다. 빨리 가는 것과 급하게 가는 것은 다르며, 느리게 가는 것과 제대로 가는 것은 다르다.

여름이 끝나가고 가을이 다가오는 즈음 어느 날 20대 청년 네 명이 산행을 떠나게 되었다. 모두 혈기 왕성하고 똑똑한 친구들이었다. 물론 당초 계획도 잘 세워 두었다. 첫째날, 둘째 날, 셋째 날... 각각 어디까지 간 다음, 어디쯤에서 휴식을 할 것인지까지 나름대로 치밀하게 준비를 하고 출발했다.

그런데 예상과는 달리 산에 오르자 날씨가 급변하며 비가 오기 시작했고 첫날부터 일정에 차질이 생겼다. 걸음이 늦어지며 원래 예정했던 곳까지 한참이나 남았는데 이미 날이 어두워지고 있었다. 마음이 다급해진 친구들은 더욱 속도를 내기로 하고 정신없이 걸었다. 그러다 일행이 문득 머리를 들어보니 온통 나무들로 빽빽한 숲 속이었다. 점점 어두워지는 바람에 산 속 길을 잘못 든 것이었다. 목적지로 가는 길이 아닌 전혀 엉뚱한 길을 따라온 것이었다.

어쩔 수 없이 안전한 야영지가 아닌, 어딘지도 모르는 숲 속 한 가운데서 추위에 떨며 첫날밤을 보내야 했다. 다음 날 아침, 비도 멎었고 친구들은 늦어진 일정 때문에 빨리 올바른 길을 찾아 떠나기로 했다. 그런데 워낙 깊은 산 속이라 어느 쪽이 동서남북인지도 알기 어려웠고 의견이 분분했다. 그러다 한 명은 현재의 장소에 그대로 짐을 지킨 채 있기로 하고, 나머지 친구들은 갈래 길로 각각 나눠서 가보기로 했다. 그러다 길을 제대로 찾으면 다시 지금 위치로 돌아오며 소리쳐 알리기로 약속하고 각자의 길로 서둘러 출발했다. 요즘에야 휴대폰이 흔한 세상이니 이런 일은 없겠지만 당시로선 나름대로 길을 찾는 방법인 셈이었다.

결과는 어떻게 되었을까? 다행히 목적지로 가는 길을 찾아 무사히 산행을 마치게 되었지만 누가 어떻게 올바른 길을 찾았을까? 약속대로 한 친구를 남겨둔 채 먼저 두 친구는 각각 반대 방향을 난 길을 따라 떠났었고 나머지 한 친구는 무작정 길도 없는 산 정상을 향해 오르기 시작했었다. 두어 시간쯤 지나자 산 정상을 오르던 친구가 온 산을 울리며 길을 찾았다고 소리쳤다.

이 이야기는 그냥 휴대폰이 없었던 시절 겪었던 하나의 산행 해프닝이라고 생각할 수 있지만 시사하는 바가 크다. 우리 인생이 이와 같기 때문이다. 산에서 길을 잃었을 때 올바른 길을 찾으려고 이 길 저 길을 따라 가면 산 속에서 계속 헤매기만 한다. 산꼭대기에 올라서야 비로소 내가 어디에 있고 어디로 가야 하는지 분명한 방향을 잡고 마을로 난 길을 쉽게 찾을 수 있는 것이다.

인생 역시 마찬가지다. 속도가 아니라 방향이 더 중요하다. 잘못된 길을 빠른 속도로 가 봐야 많은 시간과 에너지를 소비하고 후회하게 된다. 혹 살아가다 잘못된 길을 들어섰을 때는 잠시 멈춰 숨을 고르고 숲에서 빠져나와야 한다. 그렇게 한 발 뒤로 물러서서 우리의 삶을 다시 들여다보면 올바른 길이 보이는 법이다.

현재 위치에 만족하지 않는다면 그것을 바꾸기 위한 첫걸음을 내딛는 것이 중요하다. 작은 변화와 노력이 모여 큰 결과를 만들어낼 수 있기 때문이다. 가고자 하는 방향을 향해 꾸준히 노력한다면, 결국 원하는 목표에 도달할 수 있다.

현재 위치가 소중한 것이 아니라 가고자 하는 방향이 소중하다.

– 올리버 웬델 홈즈

커다란 성공도 작은 준비, 작은 목표로부터 시작된 것

성공으로 가는 길은 짧지 않고 때로는 우여곡절이 많을 수 있다.

그러나 매일매일 작은 노력을 인내심 있게 쌓아가며 꾸준히 전진한다면, 결국 원하는 결과를 얻을 수 있을 것이다.

대나무의 생명력은 실로 대단하다. 특히 대나무 중에 굵은 것은 직경 20cm까지 크는 맹종죽인데 이 대나무는 하루에 1m까지 자랄 수 있다고 알려져 있다. 그리고 무엇보다 이 대나무의 성장 과정은 특이하다. 이 맹종 대나무는 씨앗을 뿌리고 1년 ~ 4년까지는 아무런 반응이 없다가 5년째가 되어서야 싹이 올라온다. 그렇게 오랜 세월 동안 기다렸다 나온 싹이지만, 30cm 정도 자라고 다시 멈춘다. 그러다 5년 차가 지나면서 하루에 1m씩 자란다. 즉, 이 대나무의 하루 성장 속도는 소나무의 30년 성장 속도와 같다. 그 비결은 먼저 땅속에서 뿌리를 깊게 내리며 자라나기 위한 확실한 토대를 단단하게 마련하고 난 후 비로소 지상으로 올라와 놀라운 속도로 성장하는 데 있다.

이 대나무의 성장 과정은 우리 인간의 삶에도 똑같이 적용될 수 있다. 크게 성공하려면, 먼저 목표를 세우고, 그 목표를 이루기 위한 '작은 목표'를 통해 준비를 철저히 해야 한다. 강하고 단단한 준비를 마련한 다음에야 급속도로 성장할 수 있게 되는 것이다.

여기서 말하는 '작은 목표'라는 것은, 우리가 당장 할 수 있는 일이나 매일매일 실천이 가능한 현실적인 목표를 의미한다. 이는 보유한 역량과 자원을 가장 효과적으로 활용하는 방법이며, 이것이 바로 우리가 미래에 큰 성공을 이루기 위한 첫걸음이라고 할 수 있다. 한 푼 두 푼 저축하듯 긍정의 작은 기운도 차곡차곡 모아야 한다. 작은 긍정의 기운이 모아져 큰 기운이 되어 나에게 되돌아 온다. 이것이 바로 운명을 바꿔 가는 생기풍수에서 말하는 좋은 기운이다.

인류 역사에 기록되며 세상을 이롭게 만든 놀라운 일들도 모두 자그마한 목표로부터 시작되었다. 무릇 처음부터 커다란 성공을 목표로 향해 달려가는 것보다 먼저 작은 목표를 세우고 차근차근 하나씩 달성해 가는 것이 결국 큰 성공으로 나아가는 지름길이다. 오래도록 뿌리를 깊고 단단하게 내린 다음 빠른 속도로 성장하는 대나무처럼 인생도 그렇게 작은 일, 기본적인 일부터 튼튼하게 다지며 시작하는 것이 현명하다.

이렇게 작은 목표를 세워 시작한 다음부터는 중간 목표와 커다란 최종 목표를 설정하는 것이 중요하다. 놀라운 업적이나 탁월한 성과를 달성한 사람들 대부분은 분명한 목표가 있다. 먼 미래 자신의 모습을 선명하게 그린 다음 그걸 달성하기 위해서 앞으로 어떤 준비를 하고 무슨 일을 해야 하는 등과 같은 중간 목표를 세우는 것이다. 하지만 근사한 목표를 확실하게 세웠다고 해도 끝까지 완주하고 성공에 이르는 경우는 극히 소수에 불과한 게 사실이다. 모두가 중간에 힘이 들고 지쳐서 포기하기 쉬운데 최종 목표까지 나아가는 데는 지혜가 필요하다.

일단 여러분이 세운 최종 목표는 너무 큰 데다 과거에 해본 적이 없을 것이다. 막상 거대한 목표를 앞에 두고 생각하면 힘들겠다는 마음과 함께 불안감이 들기 마련이다. 최종 목표를 이루기 위해 해야 할 어마어마한 일들이 긴장하게 만들 것이다.

결국 목표 달성을 위한 일에 집중하지 못하고 산만해질 수도 있다. 전력을 다해 꾸준하게 추진해야 하는데 앞에 놓인 엄청난 일들이 당신을 포기하게 만드는 것이다. 시작조차 못하고 일을 계속 미루기 십상이다. 하지만 머릿속은 '그래도 언젠가 하고 싶을 때가 오면 시작할 거야'라며 불편한 생각으로 하루하루 지나며 소중한 시간을 낭비하게 된다.

AI(인공지능)와의 대화

운칠기삼은 왜 나왔을까?

'운칠기삼'이라는 말은 '운運은 일곱七이고, 기技는 삼三이다'라는 뜻으로, 인생의 성공과 행복은 운이 70퍼센트를 차지하고, 노력이나 실력은 30퍼센트를 차지한다는 의미입니다. 이 속담은 운과 개인의 노력이 인생에 미치는 영향의 비중을 비유적으로 표현한 것입니다.

왜 '운칠기삼'이라는 말이 나왔을까?

운의 중요성 인식 : 사람들은 수많은 사례를 통해, 때로는 노력만으로는 설명할 수 없는 성공 사례들을 목격합니다. 운이 좋은 시기에 적절한 기회를 포착하거나, 예기치 않은 행운이 찾아와 인생의 전환점이 되는 경우가 있습니다. 이러한 경험들로 인해, 운이 인생에서 차지하는 비중이 크다고 인식하게 되었습니다.

노력의 한계 인정 : 노력은 분명 중요하지만, 모든 것을 결정짓지는 않는다는 사실을 인정하는 것입니다. 개인의 노력이나 실력만으로는 극복할 수 없는 외부적인 요소들(경제적 상황, 사회적 환경, 우연한 기회 등)이 있습니다. 이러한 한계를 인정하며, 운의 역할을 강조한 것입니다.

삶의 불확실성에 대한 반영 : 인생은 예측할 수 없는 변수들로 가득 차 있습니다. '운칠기삼'이라는 말은 이러한 불확실성을 인정하고, 운도 중요한 요소 중 하나임을 인식하는 태도를 반영합니다.

긍정적인 태도의 장려 : 이 속담은 노력만으로 모든 것이 결정되지 않는다는 것을 인정하면서도, 결국 노력하는 사람에게 기회가 올 수 있다는 희망적인 메시지를 담고 있습니다. 운이 좋을 때 그 기회를 잡을 수 있는 준비를 하는 것도 중요하다는 교훈을 주며, 노력의 가치를 완전히 부정하지 않습니다.

결국 '운칠기삼'은 운과 노력이 모두 중요하다는 인생의 균형을 이야기합니다. 운을 기다리면서도, 그 운을 잡을 수 있는 능력과 준비를 갖추는 것이 중요하다는 교훈을 담고 있습니다.

참고문헌

가브리엘 번스타인 지음, 신동숙 옮김, 《그냥 오는 운은 없다》, 포레스트북스, 2021.

게이 헨드릭스, 캐럴 클라인 지음, 김은경 옮김, 《운을 부르는 습관》, 중앙북스, 2021.

현존 정회도 지음, 《운의 알고리즘》, 소울소사이어티, 2021.

김승호 지음, 《신의 비밀, 징조》, 쌤앤파커스, 2021.

오왕근 지음, 《운명은 아직 결정되지 않았다》, 상상출판, 2021.

김형석 지음, 《김형석의 인생문답》, 교학사, 2022.

고도 도키오 지음, 이용택 옮김, 《나쁜 습관 정리법》, 지식너머, 2017.

정정엽 지음, 《내 마음은 내가 결정합니다》, 다산북스, 2020.

크리스 코트먼, 해롤드 시니츠키, 로리-앤 오코너 지음, 곽성혜 옮김, 《불안과 잘 지내는 법》, 유노북스, 2020.

롤프 도벨리 지음, 유영미 옮김, 《불행 피하기 기술》, 인플루엔셜, 2018.

천동희 지음, 《돈이 모이는 재물운의 비밀》, 원앤원콘텐츠그룹, 2023.

오카다 다카시 지음, 홍성민 옮김, 《예민함 내려놓기》, 도서출판 어크로스, 2018.

캐런 할러 지음, 안진이 옮김, 《컬러의 힘》, ㈜월북, 2019.

임응승 신부 지음, 《수맥과 풍수》, 1986.

생기학의 생기로
부를 끌어당기는
3.3.4의 비밀

2024년 8월 15일 제1판 1쇄 발행

지은이 / 안종희
펴낸이 / 강선희
펴낸곳 / 가림출판사

등록 / 1992. 10. 6. 제 4-191호
주소 / 서울시 광진구 영화사로 83-1 영진빌딩 5층
대표전화 / 02-458-6451 팩스 / 02-458-6450
홈페이지 / www.galim.co.kr
이메일 / galim@galim.co.kr

값 20,000원

ⓒ 안종희, 2024

ISBN 978-89-7895-439-6-03180

나쁜 기운을 몰아내고 좋은 기운을 유지하는 생기감응
生氣感應 도자기

생기 거북 도자기는 묘지 처방이나 집, 가게, 사무실 같은 곳에 누구나 풍수를 몰라도 처방할 수 있도록 만든 것입니다. 예로부터 거북이는 무병장수의 상징이며, 재물과 복을 가져다주는 영물로 알려져 왔습니다.

물론 거북이도 좋은 의미를 가지고 있지만 이 생기 거북이에서 우러나오는 생기가 가장 중요합니다. 이 자체가 광물질로 구성되어 있는데 특수 광물질입니다.

제오라이트, 일라이트, 세리라이트 등 이런 광물질 중에서 기가 발생하는 것이 있습니다. 그런 물질을 모아 정제 혼합해서 만든 제품입니다. 그래서 도자기에서 생기가 우러나오는 것입니다. 나쁜 기운을 몰아내고 좋은 기운을 유지시켜주니 그 안에서 사는 사람들이 건강을 유지할 수 있는 것입니다.

새벽에 새로운 여명을 알리는 부엉이 소리는 어둠이 끝나고 밝음이 온다는 예고의 소리로 길조로 여겼습니다. 우리 조상들은 식복이 많은 사람을 보고 '부엉이 집 같다'고 말했습니다. 부엉이는 새끼를 먹이기 위해 항상 집안에 토끼나 꿩 등을 많이 잡아 저장해 두기 때문에 생겨난 속담으로 부귀의 상징으로 여겼습니다.

부엉이를 한자로 치鵃 또는 효鴞라고 하며, 올빼미는 효梟라고 합니다.

예로부터 궁궐이나 대갓집 기와지붕에 치미라고 하는 것이 있습니다. 이것은 부엉이가 밤에 자지 않는 동물로 기와 끝 높은 곳에 앉아 궁궐이나 집안으로 들어오는 나쁜 기운을 막아주는 역할을 해주는 것이라고 합니다.

특허 출원 내용

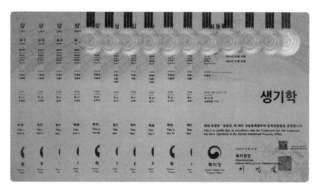

특허출헌 내용

특허 등록 및 특허 출원 종류

- 생기학
- 생기
- 생기풍수
- 생기도자기
- 생기거북이
- 생기부엉이
- 생활생기풍수
- 인테리어 생기풍수
- 생기그림
- 생기조명
- 생기힐링
- 생기도자기의 집

    외 다수 일부 특허 등록 완료

    보통 품목별로 몇 종류가 묶여 있습니다.

    특허 출원 중인 생기 단어와 수맥 관련 단어를 포함하여 약 70여 개 이상입니다.